岩波現代文庫／学術 337

境界線の政治学 増補版

杉田 敦

岩波書店

はじめに
——境界線の政治をめぐって——

二〇〇一年九月一一日、アメリカ東海岸への同時テロ事件が起こり、崩れ落ちるツイン・タワーの映像が世界中で繰り返し放映された。この事態をきっかけに露出したのは、一般の人々の間にただようある種の不安感である。これは、単に戦争やテロリズムに巻き込まれたらどうしようという不安であろうか。もしそうなら、それは一過性のものであり、喉元すぎれば熱さ忘れるのたとえ通りに、大規模なテロの記憶が薄れるにつれて、日常性が回復されていくことであろう。しかし、そう簡単に事は収まりそうにない。今回、人々は、一瞬にせよ深淵を覗き込んだからである。これまで前提とされていたことの多くが、実は必然でも何でもなく、偶然の上にあることを知ってしまった。もう元には戻れない。このことは、さまざまなレヴェルで言えるが、ここでは政治の組み換えに注目したい。人々が当然と見なしてきた政治的枠組みが、もはやその自明性を失いつつある。政治の意味そのものが変わりかねないのである。

問われた境界線の政治

政治とは何かについては、もちろんいろいろな考え方があるが、近代の政治は、境界線によって支えられてきた。例えば地面の上にヴァーチャルな線を引いて、ある領土(テリトリー)を囲い込む。こうした空間的な囲い込みは、単に物理的に空間の利用を限定するにとどまらず、その空間内で起こる出来事についての最終的な決定単位としての主権の観念と結びついてきた。領土を持つ(テリトリアル)国家が、その領土内のすべての事柄について、管轄するものとされたのである。領土内の事柄について、境界線の外部から口を出すことはできないし、境界線の内部に、国家に対抗できる勢力もないというのが、主権の意味である。そして、こうした主権国家が境界線を接してひしめき合うことによって、一種のモザイク状態が生まれ、それによって、管轄されない事柄、決定権力の及ばない領域などはなくなるものと想定されていた。これが、地球を国家(ステート)によって管理するという枠組みにほかならない。

こうした空間的な囲い込みに伴い、もう一つの囲い込みもまた進行した。人間の群れの囲い込みである。特定の人々を国民(ネーション)として囲い込み、それらの人々の運命に特別の関心を寄せることが一般的になった。境界線の内部の群れが大きくなり、より健康になり、より豊かになることが国益(ナショナル・インタレスト)とされる。そして、国家は国益の守護者としてふるまうというのが、国家理性の観念である。国家理性は、普遍主義的な配慮につながるものではない。むしろそれは、境界線の内部からさまざまな問題やリスクを外部に排出することによって、内部の最適化を図るものである。その意味で、国家理性は本来的に偏狭である。政治の目的を、「人が人に対して狼である」自然状態からの離脱に見出したホッブズこそは、近代の政治的な枠組みを最も鮮明に示した人物である。しかし、ある境界線の内部から自然状態を排除することは、境界線の外部との間に自然状態を生み出すことと引き換えであった。国内政治と国際政治は、こうして表裏一体のものとして成立する。

しかしながら、そのように境界線によって内側と外側を区別し、国内政治と国際政治を区別するという手法自体が、今回の事態によって問われることになった。何らかの閉じた全体性(トータリティ)が成り立つとは信じられなくなったのである。境界線はほころんでいるのではないか。そして、内側にいると思っていたらいつの間にか外側にいて、外側のはずが内側になるという状況になっているのではないだろうか。

まず、リスクを「国境線で食い止める」ことができないのではないかという不安が生じている。かつては水際で守っていれば、外国からの攻撃は内側には来ないとされていた。たとえ国境線が侵犯されても、従来の戦争なら、敵が首都に到達するまでには時間があった。空間的な距離が、心理的な安全感覚と連動していたのである。ところが、一連のテロ事件によって、国境線の内側で突然戦闘行為が起こりうることが明らかになった。世界的な覇権国家の中心部がいきなり攻撃されるという事態は、幾重にも緩衝地帯を設ければ内側を守ることができるという確信をうち砕いたのである。さらに、例えば郵便のような日常的な制度が大きなリスクを運びうることも判明した。これは、コンピュータ・ウィルスを用いたサイバー・テロなどと共に、ネットワークでつながった現代社会が、何らかの障壁によって守れないという印象を強めるだろう。

こうした外部に対する不安感は、さらにもう一つの、内部的な不安感と連動する。すなわち、国境の内部に異質性があるという事実を、多くの人々が不安材料として意識し始めたのである。国家理性は、国民という群れが、基本的に同質的なものであると信じさせようとしてきた。実際には、どんな国民集団も、最初からさまざまな差異を内部に含んでいたのだが、国民国家は、教育を通じて公用語を強制し、国民文化を確立することなどによって、同質性をつくり出したのである。そして、ひとたび一定の同質性が形成されると、それはずっと以前から存在していたかのように考えられる。こうした国民の同質性は、人々が共存していくための不可欠の条件ではないにもかかわらず、まるでそうであるかのような考え方が力を持っている。さまざまな人々が一緒に暮らしていることは、それ自体として困ったことでも異常なことでもない。しかるに、ある人々によれば、少数民族や移民集団の存在こそが、リスクを増大させる元凶なのである。テロリズムは実際には「われわれ」全てにとっての問題であり、決して特定の集団だけのものではない。オウム真理教のような集団が、いわゆる先進国の、しかも高学歴の人々の中から出て来たことを想起すれば、それは明らかである。しかし、今回のような事件が起こると、「われわれはこんなことはしない。こんなことをするのは彼らだけだ」と、誰かを悪の根源と見なすような考え方が広まる。

セキュリティの政治

こうして、漠たる不安感を背景に、不安をぬぐうための「セキュリティ(安全)の政治」とも言うべきものが前面に出て来る。そこではまず、最近のこの国に見られるように、軍事がにわかに脚光を浴びる。軍隊を派遣して戦争することが、テロ対策として常に有効かどうかははなはだ疑わしい。にもかかわらず戦争が注目されるのはなぜか。それは、戦争が境界線をつくり出すものだからである。戦争は、敵味方がはっきりしていなければできない。誰を守るべきであり、誰を殺してもよいのかがあいまいなところでは、軍隊が動くことはできない。したがって、戦争をするためには、境界線を明確にせざるをえないわけである。逆に、境界線があいまいな時には、軍事的な論理を持ち出すことによって、境界線を確立することができる。境界線の再確認をしたいがために危機を演出する人々さえ出てきかねないのである。

同時に、国境線の内部から「他者」を排除することによって、国境線を内側から回復するという論理もあらわれる。ある種の民族、ある種の宗教の信者、ある種の思想を持つ人々を、「潜在的なテロリスト」と決めつけて排除したり、どこかに収容して規律化したりする。そのことによって、内部の同質性を確保し、セキュリティを確保しようとするわけである。電話や電子メールなどの盗聴、あるいは「個人情報管理」という名の情報統制が、すでに行われつつあるのである。

境界線を守って内部を最適化しようとしているのは誰か。こうした政治が、単に一部の「権力者」の陰謀にとどまらず、国民のかなりの部分によって支持されうるということを意識する必要がある。境界線の政治が支持されてきたのは、生活を守りたいという人々の欲求にそれが合致していたからである。抽象的な理念の実現のために、人々が常に動くとは限らない。しかし、安心して生活できるようにしてほしい、それには多少の権利制限や治安強化は甘受するという「草の根のセキュリティ要求」は、今後身近なところで事件が起きたりすれば、急速に強まりかねないのである。

われわれは、これとは別の考え方を、どこまで示せるだろうか。一つには、セキュリティ要求が、自己破壊的、あるいは自己否定的な側面を持っていることを明確にすべきである。治安対策は、一般の人々には影響しないという考え方が根強い。きわめて異質な「悪い」連中が排除されるだけだとタカをくくる人が多い。しかし実際には、ある人々が排除されても安心することはできず、今度は残された群れの中から別の人々が排除される。こうして、結局、最後の一人が消滅するまで、社会の中からリスクをゼロにすることはできないのである。こういう粛清の循環が始まったらどうなるのか。実際それに近いことはこれまでも起こりかけたし、決して絵空事ではない。テロを「根絶する」という言葉が含むテロリズムを意識すべきである。

もう一つ言わなければならないのは、境界線の回復という目的が、そもそも実現不可能であることである。経済的、文化的な結びつきや、人の往来などがますます増える中で、「外からの影響を入れない」、あるいは「他者と接触しないように立てこもる」ことは、とうてい無理である。もはや、どんな政府といえども、重要な事柄について、国境の外部との相談や交渉なしに勝手に決めることはできないし、許されない。例えば、主権国家が、主権があるからといって、自分たちの国民経済を排他的に管理することなどできるだろうか。中央銀行が何を言おうと、外部に開かれている市場はそれに従うとは限らない。経済の規模は、すでに一国の財政・金融政策が管理できる範囲を越えているのである。文化政策についても同じことが言える。国民という単位が前提としてきた、国民の文化的な同質性ももはや限定的なものでしかない。文化は国境を越えて流通しつつあり、それを制約しようとするあらゆる試みは失敗せざるをえない。

要するに、現在の状況は、国内政治と国際政治の間の境界線が維持できなくなって、ややカール・シュミット的な表現をすれば、「内政の外政化」と「外政の内政化」が同時進行しているのである。この事態をどうとらえるか、その認識の仕方が大きな分かれ目になるような気がしている。

新しい政治

こうした境界線の流動化は異常な事態であって、一刻も早く境界線を回復すべきだというのが一つの考え方としてあるだろう。そうした論者からすれば、これまで秩序立っていた内政が、従来から無秩序だった外政に浸透されているのが現状なので、内政を再確立することによって、外政の影響を排除すべきであるということになろう。彼らは言う。国家の相対化などとんでもない。経済や社会がグローバル化しているのは事実であるが、だからこそ、政治的な決定単位としての主権の権威を見せつけなければならない。そのためには、リーダーシップをしっかりと確立すべきである。特に日本のようなところでは、これまで、さまざまな特殊利益が跋扈して、国民国家全体としての意思決定がないがしろにされてきた。その上、最近では、直接民主政要求などが高まって、国家主権に楯突く動きさえある。こうした傾向に対し、国家レヴェルの政治の優先性をあらためて確認していかなければならないと言うのである。

しかしながら、国内政治の集権性を高めることによって国際政治の侵食を排除するという戦略は、先ほどのセキュリティをめぐる逆説と同様に、意図とは逆の結果を生むだけに終わるであろう。機動的にふるまえるように政府権限を強化したり、物事が早く決まるように決断主義的なやり方を導入したりすれば、国内においてそれなりに実現していたリベラル・デモクラシーが変質し、国内が戦時体制のようなものに変わってしまうからである。自然状態を外部に排除しようとする努力が、かえって自然状態を内部に持ち込むという逆説。

従来の政治的枠組みにあくまでしがみつこうとするこうしたやり方に対して、われわれは、境界線の流動化を、新たな政治へと結び付けていきたい。内政と外政の境界線が薄らいだことは、悪影響をもたらすばかりとは限らない。何よりも、それは、これまで先進国の内部の人々が享受してきた特権を白日の下に暴き出す効果を持っている。人々が相対的に高い生活水準を保ち、境界線の向こう側で飢えている人々に対して責任を感じない口実として、境界線が使われてきた面もある。ここに一種のエゴイズムがはたらいているのではないかという意識が、少しずつ浸透してきている。テロ事件がなければ画面に大写しになることもなかったような、第三世界における貧困や、さまざまな人権侵害の状況が見えてきたからである。境界線が相対化される時、南の貧困問題を隣人の問題としてとらえていく視点が、一つの可能性として立ちあらわれてくる。現に、「国境なき医師団」のように難民救援などで実績を挙げている人々は、もはや国境線を何とも思っていない。彼らは義務があるから、法的責任があるから行くわけではない。逆に法的責任がないから行くのである。

境界線の政治は、法的な責任を明確化することによって、事態を管理しようとするものであった。人は法的に強制されなければ決して動かないという想定の下に、ともかくある範囲についてだけは最適化しようというのがそこでの戦略であった。責任の範囲を明確化しなければ、誰も何もしないという前提で、人々への配慮について一定の法的責任を有する政府を樹立し、それに委ねようとしたのである。こうしたやり方がそれなりの成果を収めてきたことは否定できない。機能する政府を持たない人々が現にたくさんおり、彼らが悲惨な運命を辿っていることを考えれば、政府の役割を軽視することはできない。

しかし他方において、南北の間にこれだけの貧富の差が出来上がり、近い将来においてそれが縮まる展望が全く見えない時に、境界線の中に専念する政府だけに期待することは、少なくとも北側に関する限り、問題である。北側の政府が南への開発援助をしているのは確かであるが、他方で、国家理性の観点からすれば、国民の生活水準を下げてまで南に援助することは、国家には許されない。個々の政治家や官僚の意識とは別の問題として、国家という制度がそうした限界を持っていることを認識すべきである。入国管理についても、同じことが言える。グローバルな平等化のためには、人々が労働力として移動することは避けがたい。これに対して国家は、いくらかの難民を引き受ける一方で、労働目的の「経済難民」に対しては固くその扉を閉ざし続けるだろう。境界線の番人として、それ以外の選択肢はない。

いわゆるテロ対策のために、特定の覇権的な国家に警察官的な役割を期待することの危険性もここにある。いかに普遍主義的な言辞を弄しても、国家である以上、国益に反した行動をすることはできない。そのため、やるべきことをやらず、やるべきでないことをやるという、二重基準的な対応をすることになってしまうのである。境界線を伴う国家が、本来的にこうした性格を持つ以上、国家に過大な期待を持つことはできない。法的責任がないにもかかわらず、いやないからこそ、境界線の向こうの人々を無視することができないという人々の倫理感覚に期待することなしに、われわれは先に進むことはできないのではなかろうか。

もちろん、境界線の流動化は逆の側面も持つ。多国籍企業が国境を越えて利潤を追求する中で、一層の貧富の拡大につながる可能性である。むしろ、これまでのところ、そちらの可能性の方が大きいという見方もあるだろう。国境を越えなければならないこと自体は、もはや自明であって、問題は、どのような越え方をするかである。われわれは、それについて考えざるをえないところまで来ている。短期的には、ずたずたになった境界線をつなぎ合わせて、何とか元のさやに収めることができるようでも、長期的にはその問題に直面せざるをえないだろう。

目 次

はじめに
——境界線の政治をめぐって——

第一章 政治と境界線 …… 1
——さまざまな位相——
1 政治と非政治? …… 2
2 二つの政治観念? …… 8
3 境界線の引き方 …… 14
4 境界線の位相 …… 18
5 境界線を越えて? …… 24

第二章　境界線を引くとはどういうことか……29
第三章　全体性・多元性・開放性……57
——政治観念の変容と政治理論——
1　全体性……59
2　多元性……68
3　開放性……78
第四章　法と暴力……89
——境界画定／非正規性をめぐって——
1　ベンヤミンと法……90
2　ベンヤミンとシュミット……97
3　正規性と非正規性……105
4　境界画定の批判へ……111

第五章　寛容と差異 ——政治的アイデンティティをめぐって—— 119
1　リベラル - コミュニタリアン論争と「アイデンティティの政治」 121
2　「ナショナル・マイノリティ」の擁護 129
3　「移民社会」の擁護 136
4　アイデンティティ／差異のディレンマ 143
第六章　普遍的なもののヘゲモニー ——エルネスト・ラクラウの政治理論—— 155
1　経済決定論からの脱却 158
2　ヘゲモニーと分節化 166
3　普遍と特殊の媒介 170
4　批　判 178

第七章　契約と闘争 …… 189
――新しい戦争か？――
1　契約論について …… 193
2　憲法について …… 196
3　征服について …… 199
4　闘争論について …… 201
5　生-権力について …… 205
6　国家理性について …… 209
7　新しい戦争？ …… 211
第八章　二分法の暴力 …… 217
――マイケル・ウォルツァー正戦論をめぐって――
1　正戦へのコミットメント …… 219
2　戦争への法 …… 222

3　戦争における法……227
4　責任の局在……239
5　正戦論の抜け穴……242
おわりに……261
──主権・境界線・政治──
旧版あとがき……269
現代文庫版あとがき……271
初出一覧……273

第一章　政治と境界線

——さまざまな位相——

1 政治と非政治？

政治とは何かを考えるにあたって、政治以外のものと政治とを区分するような論法について、検討することから始めたい。政治とは何かを「定義」すべく、政治と非政治との間に明確な境界線を引けるはずだという考え方である。しかしながら、そのようなことはそもそも可能なのだろうか。

古代ギリシアにおける発祥の際、政治概念は公的な領域とされた。他方、経済は私的な領域に属し、公的な領域と私的な領域とは厳密な境界によって隔てられていると考えられた。このような公私分離という考え方は、今日に至るまで、大きな影響力を保ち続けている。と言っても、公私間の境界線が現実にはっきりとした形で存在してきたわけではない。両者の境目はつねにあいまいであったが、にもかかわらず、両者が本来は別々の領域であるはずであり、仮にうまく分かれていないとすれば、そのことが不当であるという考え方そのものは、西洋を中心に広く受け容れられてきたのである。政治と経済とは全く異なる種類のものなのに、政治は経済によって不当に植民地化されている、経済と切り離された純粋な政治領域を確立しなければならない、政治を非政治から区別

する境界線を再確認しなければならないという議論は、現代においても、政治哲学を標榜する人々によって強調されてきた。(1)

しかし、政治と経済を、政治と非政治という具合に置き直すことはそもそも妥当だろうか。古代ギリシアでは、経済はオイコス(家)という単位の内部で自己完結するものと考えられていた。他方、政治はポリス共同体の内部で自己完結するものと考えられていた。実際にどうであったかはともかくとして、同時代において、経済と政治が、オイコスとポリスという別個の具体的な境界線の内部で完結的に行われるものと一般的に考えられていたことが重要であり、このことが、両者の相互独立性が想定される上で決定的であったのではないだろうか。しかるに、両者はいずれも、閉じた単位を前提とし、その内部で行われる何らかの活動であるという点では共通している。古代ギリシア以来の政治と経済の峻別は、それが行われる場の違いにとらわれ、結果的に両者をつなぐものについて無視することになってはいないか。たしかに両者は別々の場で行われる、内容的にも異なったゲームである。しかし、公的なものと私的なものとの間の境界線にしても本質的なものではなく、両者の間の境界線は移動しうる。現代のフェミニストたちが明らかにしたように、特定の領域を非政治的として政治の外部に追い出してしまうことこそが、実は最も政治的な意味を持つからである。フェミニスト的な観点からすれば、公的なものと私的なものという二元論を維持することそのものが、特定の群れにとって有利なゲームを展開しようとする、一種の政治にほかならない。こうしたことをふまえれば、そもそもポリスとオイコスが本質的に異なるゲームの場であるように想定したこと自体が、必ずしも根拠のあることでなかったと言える。

だからこそ、その後、オイコスが肥大化していき、やがてポリスの外延と重なるものと想定された時、すなわちポリティカル・エコノミーが成立すると、政治と経済の境界線はにわかにあいまいさを露呈することになる。政治と経済を厳密に切り離したりできないことが、誰の目にも明らかになってしまう。経済に言及しない政治などというものが不可能であることが判明する。もしも、もともと両者が範疇的に異なるものであるとすれば、単にその外延が一致したからといって、このように分別困難になってしまうだろうか。かつてポリスと結びつけられていた政治なるものも、かつてオイコスと結びつけられていた経済なるものも、結局はある単位内部のゲームであり、それゆえ、単位が重なった時には、厳密な分離が不可能になったのである。そうした中で、政治と経済の共通項、つまり閉じた境界線を前提とするという点はむしろ忘却され、代わって両者が政治社会という一つの統一体の一部であり、異なる機能を果たすそれぞれの分肢であるという発想が維持されていくことになるのである。

もちろん、このように言うことは、一般に経済と呼びならわされている交換や市場を中心とする関係と、一般に政治と呼びならわされている討議や決定を中心とする関係とが、同じだという意味ではない。にもかかわらず両者は、ルールを共有する人々の間のゲームであり、その周囲に境界線を伴うという点で等しい。

さらに言えば、政治と宗教との分離についても同じような関係が見てとれる。キリスト教の成立以後、今度は宗教でないものが政治だという考え方が力を持つようになった。「カエサルのものはカエサルに、神のものは神に」といういわゆる両剣論は、こうした二分法を前提としている。人間の精神的な部分を担当する教会の組織と、人間の身体的な部分を担当する国家とが、分離しているという考え方である。このような考えが成り立ったのは、キリスト教会が国家とは別系統で、むしろ国家に先んじて教団の組織化を進め、国境を越える堅固な組織をつくり上げたからにほかならない。すなわち、宗教という名のゲームを繰り広げている人々の外延が、世俗的な政治と呼ばれるゲームの外延と一致していないことが誰の目にも明らかであったからこそ、両者が別物であるという意識が生じ、両者の間の関係が争点となったわけである。しかし、だからといって、この両者の関係を、一方が政治であり、他方が非政治であるととらえる必要はないのではないか。そして、こうした事情は実はかつての方がよく理解されていたとも考えられる。なぜなら、教会政治(ecclesiastical government)と世俗政治(civil government)を並列的にとらえるというかつての用語法は、(もちろん、その性格が同じではないことをふまえつつも)両者が類比的であるという認識の存在を前提としているからである。(2)

ところが、このような意識はやがて失われることになった。それは、教会と世俗国家とのたたかいが紆余曲折の果てに国家側の勝利によって決着を見、そのために、宗教的なゲームの外延が、世俗的なゲームの外延と一致してしまったことと関係がある。その結果、宗教はもはや世俗的な政治とは独立な、それに対抗しうるようなゲームとは見なされず、国家という単一のものの一部であると考えられることになった。このような宗教の位置づけを最初に典型的に示したのがホッブズであり、彼の議論では、宗教が国家から独立した形でルールを形成したり、国境を越えた単位をなしたりすることは、最も警戒されるべきこととされている。

かくして、経済ゲームの単位としてのオイコスや、宗教ゲームの単位としての教会もまた、自立的なゲームの単位であり、その意味で、狭義の政治ゲームの単位としての国家と同形であるということが見失われてしまった。こうした考え方の行き着く先が、ヘーゲルの法の哲学にほかならない。そこでは経済や宗教は、政治を行う国家とは別の、しかも国家に従属する、市民社会なる領域に属するものとされる。市民社会は私的な領域であり、したがって定義上、公的な政治的事柄には関係しない。経済や宗教が一種の政治でありうることは、こうして定義によって排除されてしまうのである。

国家と市民社会の二元論は、今日に至るまで、われわれの想像力を大きく規定している。国家に期待する人々は、市民社会に対して警戒を示す。市民社会は、動物的な欲望が支配する単なる私的な領域であり、一切のよりどころを持たない利己的な個人の領域であって、ある群れの全体の都合を考えるという公共性が欠如している領域であると批判されるのである。そこでは、市民社会が非政治的であることが、批判の焦点である。他方で、国家に批判的な人々は、市民社会への期待を表明する。国家とは実際には、一握りの人々によって他の人々が抑圧され支配されているような状態であるとされる。これに対し、市民社会とは、そうした関係とは異なる平等な関係を可能にする領域であり、そのような領域をより強力にしていくことが必要であるとされるのである。こうした議論は、国家主義者の議論とは方向が逆であるが、にもかかわらず二つの議論は共通の前提の上にある。それは、市民社会が非政治的であるという考え方である。

しかし、本当にそうだろうか。市民社会と呼ばれているのは、実際には、経済的なゲームの場であったり、宗教的なゲームの場であったりするが、あるいはさまざまな中間団体(非政府組織や自発的結社)が活動する場であったりするが、いずれの場合も(もちろん、その性格はさまざまだが)、内部でのゲームのルールの共有が前提とされており、したがってその外延に境界線を持たざるをえない。ところが、市民社会という概念が持ち出されると、その内部に亀裂が存在することは認められず、それ自体が特権的なゲームの場であるかのような考え方がしばしば派生する。しかし、市民社会も、国家と共に、政治的な側面を持つのではないかと考えてみる必要がある。市民社会という概念を導入す

ることによって、一挙に政治の外部に出ることができるというのは幻想ではないだろうか。(3)

2　二つの政治観念？

次に、政治についての相対立する考え方として、従来前提とされてきたものについて検討してみよう。一つは、いわば合意論的な政治観であり、それによれば、政治とは、ある範囲の人々の間で一定の合意をつくり出すことにほかならない。人々がさまざまな話し合いをし、時に厳しく対立するのも、合意をつくり出すまでの過程にすぎず、したがって、合意が困難になるほど鋭く対立したり、暴力的な対決に移行したりすることは、政治の危機を意味する。こうした観点からすれば、合意の可能性を疑うことは、政治の否定である。(4)

これと対立するもう一つの見方を、ここでは対立論的な見方としておこう。それによれば、政治とは人々の間の対立を指す。人々は、利害関係をめぐって、あるいはアイデンティティの違いにもとづいて、相互に対立する。そうした対立こそが政治にほかならない。したがって、合意を模索するのは政治の回避であるし、対立が終わると考えることは政治の否定である。(5)

こうした二つの見方は、相容れないものとされてきた。前者は、差異よりは共通項に注目し、特殊性より普遍性を信じるものであり、運動よりは合議を大切にし、徳目としては寛容を重視する。これに対して後者は、共通項よりは差異に注目し、普遍性よりは特殊性を信じ、合議よりは運動を大切にし、徳目としては純粋さを重視する。ある場で、このいずれの見方が強調されるかによって、その場の政治のあり方がかなり異なるものとなることは想像される。

それにもかかわらず、ここでは、あえて両者の共通項に注目してみたい。境界線の存在というものを考慮すると、両者の間の関係が浮き彫りになるのではないだろうか。

合意論者が人々の間の合意をめざす際、その「人々」とはいったいどこからどこまでを指すのだろうか。ある場合には、その範囲は定まっており、しかもその定まり方は自明であるかのように論じられる。政治とは何よりもまず、ある国民（ネーション）の間におけるものであるという、ナショナルな政治観はその典型である。こうした考え方が、何らかの根拠にもとづくものではなく、それを言うことで自らを実現しようとするものにすぎないこと、つまり根拠を事後的につくり出そうとするものであることについては後にふれるが、いずれにしても、このように単位を前面に打ち出すのは、自らの行っていることについて自覚的であるとは言える。

これに対し、範囲に直接的に言及していないにもかかわらず、実際には範囲を限定している政治観もある。一般に自由主義者と呼ばれる人々は、合意形成の必要性を説くときに、それが、誰の間の合意なのか明らかにせず、ただ抽象的に合意について論じるだけの場合が多い。それは、自由主義者たちが、普遍主義への強い関心を抱いているからである。彼らは、合意形成にかかわる人々の範囲が自明であるとは言わない。人種・言語・ジェンダーなどについての同質性を有する範囲内でしか合意形成はできない、という具合には論じないのである。これは、少なくとも自覚的に排斥的な考え方でないとは言えよう。しかし、だからといって、彼らの議論が境界線と無縁である保証はない。一見誰でも参加できるような議論の場であっても、実は特定の能力や資格、文化的・階級的・ジェンダー的な背景を持った人々にとって有利なものとなっており、そうした条件を持たない人々を事実上排除している側面が必ずあるからである(6)。

もっとも、このような論難は、自由主義者たちからすれば、ごく不当なものであろう。彼らは言う。何事も一挙に実現することはできない。当初は小さな集団内の合意にすぎないとしても、それが、その集団だけに限られたものである必然性がなく、順次、周りの人々にも広がりうるものであり、現に広がりつつあるとしたら、それは閉ざされた合意ではなく、開かれた合意なのだと。この「開かれた合意」という言い方は、もちろん修辞としては成立している。にもかかわらず、ここで強調したいのは、実際には合意はつねに、限られた集団の中でのみ成立するということである。

　このことは、合意というものの性格そのものからくる。合意が成立したと言うためには、それに先立って、合意すべき人々の範囲が確定している必要がある。だからといって、その範囲内のすべての人々が直接同意する必要があるとはかぎらず、一部の人の意見が、全体を代表すると見なされる場合もあるが、その場合でも、代表がどの範囲までを代表しているのかについてあいまいにすることはできない。合意の母集団がきちんと定まっていなければならない。さもなければ、本来合意にかかわるべき範囲が排除されていたとか、かかわるべきでない範囲がかかわっていた可能性があるからである。もしも合意が本当にオープンであるとすれば、それは、合意がないということを意味せざるをえない(7)。

　したがって、逆に、合意が成立しているとされる時には、合意すべき「われわれ」の外延としての境界線は、実は暗に前提とされているのである。それは、たしかに対立論におけるような、いわば実線の境界線ではなく、引き直しが容易な、いわば破線の境界線であるかもしれない。しかし、それが境界線であることは認識する必要がある。なぜなら、外部が存在するにもかかわらず、それを意識しなかったり、認めなかったりすれば、外部に対して及ぼしている暴力を自覚できないからである。

　自由主義的な合意論が、境界線について深刻に考えないことは、このように、自由主義がその外部に対して持っている党派性を自覚できないことにつながる。しかし、他方において、それと表裏一体のこととして、自由主義は、その内部における対立の存在は問題なく受け止めることができる。利害関係などをめぐって、人々はつねに対立しうるとされる。自由主義的な合意論からすれば、そうした対立は、合意の前提として、当然あるべきものと予定されており、それゆえに、自由主義的な合意論の下で、政党政治や議会政治が発達することになる。そこでは、対立する党派の間に、いわば破線の境界線が想定されるのである。もっとも、対立論の観点から見れば、こうした破線をはさむ対立は、実際には存在している実線の境界線を無視することで成立しているにすぎないであろう。そこでは、いかなる対立も合意への一里塚としてしか位置づけられておらず、だからこそ安心して許容されるのであるが、それはもっと鋭い対立軸を抑圧するのと引き替えである、ということになろう。

他方、対立論では、「われわれ」とその外部との間に実線の境界線があることが強調されがちである。その境界線は、固定的なものでなければならないとされる。そのために、とりわけ対立論者は、境界線が確固たるものであるという事実をつくり出そうとする。例えば、最も典型的な実線の境界線と一般に見なされている国民(ネーション)という単位の外延にしても、それがある時点で人為的に決められたものであり、戦争や内乱などによっていくらでも変動しうることは明らかである。したがって、ある境界線が固定的であるとは、それを固定化するような権力がはたらくことによって、事実上、その線が維持されていること以上でも以下でもない。「われわれ」とその外部との間に境界線があるように見えるためには、「われわれ」が同質的であるように見える必要がある。この必要性を満たすべく作用するのが、規律権力にほかならない。すなわち、教育などを通じて、ある種の言語やふるまい方を植え付け、特定の「国民性」と想定されたものと異なる要素を、さまざまな手段によって排除していくことで、人為的に同質性の外観をつくり出そうとする。対立論は、このようにして、本来は偶然にすぎず、あくまで事後的に固定化が試みられるにすぎない境界線を、本質的なものと見なすのである。人種という単位、民族という単位、階級という単位などが、自然な境界線を有し、その境界線を動かしたり消したりすることはできないと主張するのである。

対立論的な政治観は、政治が境界線にかかわることを自覚している点では、評価できる。しかし、これと表裏一体のこととして、対立論者は、ある特定の境界線以外の境界線の存在については否定せざるをえない。規律権力がどれほど強く作用しても、「われわれ」の内部が完全に同質化するということはありえない。どのような集団の内部にも、亀裂は、少なくとも潜在的には存在している。しかしながら、対立論者は、このことを認めることができない。なぜなら、それを認めてしまえば、ある対立論的な政治観が想定している対立軸が相対化されてしまうからである。例えば、国民という単位を重視するナショナリズムは、国民の内部に階級的な亀裂が存在することを認めようとはしない。

一方、階級という単位を重視するマルクス主義は、階級の線を横切る形で国民単位の亀裂が走っているとは認めようとはしないであろう。このことの延長上に、対立論は、破線の境界線の存在についても警戒的になる。自由主義的な合意論が重視する政党政治や議会政治は、対立論から見れば微温的なまやかしと映る。合意形成について相互に合意している二者間の対立というのは、対立論からすればありえないことである。それが対立であるなら、合意はありえない。逆に合意がありうるとすれば、そこには初めから対立がない、というのが対立論の立場である。

以上に見てきたように、合意論と対立論は、もちろん異なる考え方である。しかし、それにもかかわらず、両者は無縁なものとまでは言えない。対立論が何らかの境界線を引くものであることは言うまでもないが、合意論においても、内側の破線の境界線のみならず、外部との実線の境界線も現実にはつねに前提とされざるをえない。政治というものが、境界線を引くゲームであるとすれば、両者はいずれもその条件を満たしているのである。

3　境界線の引き方

ところで、政治的な境界線の引き方の代表的なものとしては、大きく二つあると考えられる。(8) 一つは、空間における境界線であり、国境はその例である。ある程度の地下からある程度の上空までの空間を分割する線が、地表と接したところが国境である。この境界線によって囲い込まれた空間の内部で起こる出来事は、基本的にその空間に固有の出来事と見なされる。こうした管轄権が相互承認され、境界線の絶対性が確立した時に、それは通常、主権と呼ばれる。主権とは、(破線でなく)実線の境界線をめぐる政治の一種である。まず、主権の対外的側面と呼ばれているのは、境界線の内部の事柄について、境界線の外部から介入しないということである。境界線の内部の事柄は、境界線の内部が自律的に解決すべきであって、外部にはそれにかかわる義務もなければ権利もないということである。次に、主権の対内的側面と呼ばれるのは、境界線の内側に、(有意味な)実線の境界線がないということにほかならない。内部の事柄を解決する際には、境界線の内部の全体(例えば主権国家)が唯一の決定単位となるのであって、それより小さないかなる単位も決定単位たりえないということである。

もう一つの境界線の引き方は、人間の群れに対するそれである。人間をどのように区切るかについて、何らかの自然な前提があるわけではない。しかし、人々はさまざまな基準を持ち出しては、自分の属する群れ(「われわれ」)とそれ以外の人々(「彼ら」)とを区別しようとしてきた。その場合、区切り方については大きく二つある。一つは、何らかの同質性に注目して群れを区切るやり方であり、人種や民族や階級という概念はそれに依存する。これに対し、第二の区切り方は、そうした同質性を必ずしも前提とはしない。軍事的な征服などによって、事実上編入された人々を「われわれ」と考えるのがそれであり、その場合には、必ずしも内部の同質性は前提とされない。国民国家とは、前者のような群れの区切り方を採用し、しかもそうした群れ(国民)の居住空間が、空間的な区切り方における境界線の内部(国家)と一致する場合に成立すべきものとされた。これに対し、帝国と呼ばれるものは、群れについての第二の区切り方を採用する(ローマ帝国を想起せよ)ものである。そして、そのような区切り方は、当然、群れの内部に差異があることを認めるから、空間との関係でいえば、空間の内部が一枚岩であるという発想は持ちにくい。このように、人間の群れについての境界線の引き方と、空間についての引き方は、あくまで別のことではあるが、関連はしている。境界線を確固たるものと見なす場合には、群れについても空間についてもそれは堅固である。

さて、こうした境界線は、先にもふれたように、必ずしも国境には限られない。例えば、かつて地球上では、いくつかの文明圏が、それぞれの文明の及ぶ範囲を想定していた。そうした文明というゲームの内部から見れば、何らかの境界線があり(それは明確に引かれている場合もあれば、途切れがちに引かれている場合もあるが)、その外部には「われわれ」のルールは適用されないのである。そこでは、境界線の内部だけが世界であり、その外は世界ではない。このような考え方は広く見られたが、二〇世紀において、このことの意味を最も深く掘り下げた一人がカール・シュミットであった。(9) シュミットによれば、ヨーロッパ公法というゲームのルールは、かつてはヨーロッパという空間(ラウム)と、その内部にいる人々にしか適用されないことが明確であった。その際は、内部の同質性が存在していたために、ゲームは良好に行われていた。ところが、この境界線の囲い込む範囲が拡大していき、アメリカ合州国が含まれた頃から問題が生じるようになった。アメリカの普遍主義的な文化を反映する国際連盟の成立などによって、ラウムは全地表に及ぼされることになる。しかるに、このことは、地表が一つのルールによって覆われて安定化することを意味せず、逆にルールが空文化し、混乱状態が生まれることになった、というのである。国民国家の周囲の境界線と、ヨーロッパという空間の周囲の境界線とを重層的に考え、国民国家間で対立が続くにもかかわらず、ヨーロッパという空間そのものは維持されるという一つの歴史的な経験を浮き彫りにする点で、シュミットの議論は重要である。しかし、なぜヨーロッパの境界線を本質的なものと見なすのかの根拠は明らかではない。それは、シュミットの個人的な判断(あるいは、もっと多くの人々に共有された判断かもしれないが、いずれにしても論理的な帰結とまでは言えないもの)にすぎないのである。もっとも、このような恣意性は、ひとりシュミットの議論だけのものでなく、ヨーロッパ連合をはじめとするさまざまな地域共同体論についても言えることである。

4　境界線の位相

境界線をめぐる政治はどのように展開するだろうか。境界線の両側が、線の所在について合意しているかぎり、両者は相互に他方に対して外部となる。そして、外部の外部として内部が定義され、そこでは何らかのルールが共有されていると想定される。これが、境界線を引くことによって、政治的な安定を実現できるという考え方の基礎であり、それは政治学の伝統の中に、形を変えながら連綿と受け継がれてきたものである。

しかしながら、境界線についての合意なるものはいかにして成立するのか、いや、そもそも成立しうるものなのかが問題である。合意ということが言えるためには、合意を確認すべき範囲が明確でなければならない。ところが、いかなる境界線も自然的な基礎を持つものでないとすれば、境界線についての当事者・関係者を、境界線の成立に先立って指定することはできない。何らかの線を引くまでは、線はどこにでも、どうにでも引けるのであり、したがって、あらゆる空間やあらゆる人々が当事者たりうるのである。例えば国境について考えてみよう。地面の上にある線を引く時に、一体どの範囲の人々にまで意見を求めれば、それは正統な線引きと言えるだろうか。これは、決して解けることのない問題である。これまでどうして境界線を引くことができたのかといえば、それは単に事実上引かれたのである。こうした事情は、ヨーロッパ諸国による植民地獲得競争の経過に最も明らかであるが、その場合にかぎられない。まるで自然に存在する単位であるかのような観念が広く流布している所(例えば日本国)でも、境界線は征服や戦争などによって形成されたものである。線自体は、さまざまな経緯の中で、事実上引かれてしまう。一度引かれると、それを維持しようとする力がさまざまな形ではたらくので、まるでその選択に何らかの必然性があったかのような錯覚が生まれることが多い。しかし、どんな線も、意見をきくべき全ての人々から意見をきき、きくべきでない人々からはきかなかったという基準を、厳密な意味で満たすことは絶対にできない。その意味で、境界線を引く瞬間については、どんな合意論的な政治観であっても、全面的に正統化することはできないのである。

境界線に根拠がない以上、境界線の所在について、最終的な合意が成立することはない。さまざまな異議申し立てがなされる潜在可能性はつねにある。これが空間的な境界について起こる場合に国境紛争など、人間の群れの区切り方について起こる場合に民族紛争などを生むことは、指摘するまでもないであろう。

しかも、境界線は、その線の直近にだけ、大きな影響を及ぼすわけではない。ある線の存在の影響は、遠く離れた所にまで及ぶ。ここから出てくるのが、境界線の並列をめぐる問題系である。ある境界線を挟むAとBという二つの領域があるとしよう。Bが別の境界線によってCと分離することは、Aにとって大きな意味を持つ事柄である。いわゆる国際政治においては、敵の敵は味方という考え方が大きな役割を果たしてきたが、そこでは境界線の外部のそのまた外部は、内部に準ずるものである。こうした連鎖にもとづいて、Aという領域が、遠く離れたNという領域の境界線問題に深い関心をいだき、そこに介入するといったことさえしばしば生じるのである。このことは何も空間的な境界線に限られたことではなく、階級やジェンダーなどにかかわる境界線についても言える。

しかし、外部が内部的な性格を帯びるということは、そもそも内部と外部という二分法が成立しないことを示しているのではなかろうか。ある人々は、ある時期には味方とされるが、どこか遠くで境界線が一本加わったり除かれたりしただけで、急に敵となる。味方である時期には、ルールが共有されていることが強調されるが、敵となった瞬間に、彼/彼女はルールを共有しない他者とされるのである。このようなご都合主義は、現代政治においてもしばしば見聞されるが、それは単にある種の国家やある人々が身勝手だということではなく、境界線をめぐる政治そのものに由来するのではないだろうか。

ところで、ある境界線Aについての合意がひとまずあるとしても、それと異なる観点から引かれた境界線Bが、Aと交差する場合も多い。ここから、境界線の交差をめぐるさまざまな問題系が出て来る。例えば、国境線Aについてとりあえずの合意があるとしても、それと交差する形で、民族的・宗教的な境界線Bが走るというのは、むしろ通常の状態である。また、階級的な境界線Bの存在が広く信じられるような局面もある。逆に、Aの内部があらゆる点において同質的で、Aの外部とはあらゆる点について異質だという状態は、とうてい想像することができない(にもかかわらず、国民国家の意義を強調する人々は、しばしばこうした観念を広めようとするのであるが)。しかるに、境界線は相互に交差することを最も嫌う。それは、当該の境界線の存在意味そのものを直接にゆるがすからである。かくして、国境を維持しようとする勢力は、民族的・宗教的な境界線をたかだか破線にすぎないものにまで弱めるか、あるいははずたずたに切ろうとする。逆に民族的・宗教的な境界線は、それが従来の国境線以上に鮮明な線になることができれば、国境線を無化できることを承知しているので、そうした方向に物事を進めようとする場合もある。同じことは、階級的な線などについても言える。

交差した境界線のうちのどれが優勢になるかは、事実上の力関係によって決まる。もう少し正確に言えば、どの境界線を支持するような実践を人々がより強力に行っているかが決め手となる。(10) 例えば、国境が相対的に他の境界線よりも重要であると多くの人々が考え、宗教や民族や階級などの他のありうる境界線よりもそれを重視する行動をとるならば、そのかぎりにおいて、国境は強固となる。重要なことは、境界線は人々の頭の中にあるのであって、どこかに物理的に存在しているわけではないということである。

もちろん、見えやすくするために線を引くということはあるかもしれないが、その物理的な線そのものが境界線なのではなく、それは人々の脳裏にある境界線を単に反映しているにすぎない。ただし、このように言うからといって、人々は、何の屈託もなく、いかなる境界線をも同じように楽に選びうるわけではない。ある種の境界線を選ぶことは、別の境界線を選ぶことよりも難しかったり易しかったりする。言い換えれば、特定の境界線に人々を誘導するような条件づけが存在していることは否定できない。

まず、空間的な境界線が引かれるのは、その範囲内の資源についての帰属を明確にすると共に、その範囲内で起こる出来事についての最終的な管轄権を定めるためである。近代的な主権国家は、こうした空間的な境界線の意義を最も強調してきた。そこでは、物事についての責任を明確にし、紛争を法的に解決するために、境界線が必要であるとされた。主権論者からすれば、ある出来事について誰ないしどの機関が責任を持ち、どの法を適用するかをきちんとしなければ、誰も責任をとらない無責任状態になるか、弱肉強食の自然状態になってしまうのである。しかしながら、こうした主張は、境界内で適切な法の執行がなされるということをあくまで前提としたものである。もしも境界内で不当な実践が行われている場合には、境界線は、それを正そうとする外部からの介入にとって障壁となってしまう。逆に外部からすれば、境界線の向こう側には手を出せないという口実の下に、そこで行われている暴虐や抑圧に対して手をこまねいていることとも可能になる。境界線を引くことは、この意味で、境界線の内外にとって(少なくとも、ある種の人々にとっては)有利なのである。こうした事情は主権国家において最も顕著であるが、帝国や地域共同体、さらにはシュミットのいわゆるラウムについてもほぼ同じことが言える。

人間の群れについての境界線が引かれるのは、その範囲内の人々にもっぱら関心を寄せるためである。この場合、関心は二重の意味において寄せられる。一方で、その範囲内の人々は、群れの一部ないし全体のために動員され利用されるということを意味している。国民のために、人々は労働し、納税し、時には従軍しなければならない。人々は、特定の言語とそれにもとづいた文化を受け容れるよう、直接・間接に誘導される。ミシェル・フーコーが描いたように、人々に対して、特定のふるまいをしているか監視するまなざしが向けられるのである。しかし他方では、その見返りとして、境界内の人々は、群れに帰属し、そこから給付を受けることが可能になる。すなわち、彼らは外敵の侵入を避けるというセキュリティ上の利得を受ける(少なくともそう思わされる)し、国民経済の状況に応じて一定の生活水準を維持し、(幸運なら)福祉サーヴィスを受けることができるかもしれない。直接ないし間接に文化へと動員された結果として、国民的なアイデンティティを持ち、精神的な安定を得ることもできる。境界線は、事柄の管轄を明らかにする点でも、人々の帰属を明らかにする点でも、大きな意味を持っているのである。(11)

5　境界線を越えて？

人々は、境界線をめぐってさまざまに争い続けてきた。境界線をどこに引くかをめぐる争い、ある境界線を実線と見なすか破線と見なすかをめぐる争いなどが展開されてきた。対立論的な政治観にもとづいて、実線の境界線を挟んで対立し合う場合もあれば、合意論的な政治観にもとづいて、合意ゲームを展開する中で、結果的に特定の境界線をつくり出し、維持する場合もある。

われわれは、境界線とどうつき合っていくべきだろうか。境界線が、排除的な機能を有することは間違いない。対立論については言うまでもないが、合意論においても、ゲームのルールを共有しないとされた空間や人々は、ゲームの外に排除される。今日でも用いられる、いや、今日ますます用いられるようになった表現によれば、「文明」の外部に対しては「われわれ」のルールは適用されないとされるのである。

こうした排除の論理を潔しとしないとしたら、どうか。われわれは一切の境界線の存在を否定すべきなのか。国境のない、それどころか宗教的な対立も民族的な対立もない、階級的な対立さえない世界の実現を夢見るべきなのだろうか。今日、世界の富が一部の地域に偏在し、法の運用が恣意的に行われていることを考えれば、ある特定の単位が利己主義的に資源を独占したり、境界の存在を口実に内部で抑圧したりすることをさせないために、世界大の政治が実現したとしても、その内部にもさまざまな理由がある。しかし、仮にそのような政治が実現したとしても、その内部にもさまざまな亀裂が残り、対立が続くことを前提とすべきだろう。もしも、グローバルな決定単位が唯一の正しい決定単位であり、その内部に重大な対立があってはならないと考えるとすれば、そうした単位そのものが、主権国家と同様に、(いや、対抗するものを持たない点で主権国家以上に)独善的かつ暴力的なものとなってしまう。それは一見、ユートピアであるようで、実際には息苦しいものとなるだろう。単に境界線を拡張していって、その外延が世界の大きさと一致すれば、境界線の政治が越えられるわけではない。世界大の市民社会のようなものにしても、ルールの共有を前提とする以上、それは、境界線の政治の一種である。そこでは、定められたルールに異議を申し立てようとするものは、いつでも外部に排除されうるからである。(12)

ここでは、次のことを確認しておきたい。境界線を広げることによって境界線を廃止しようとすべきではなく、境界線の存在を意識することによって、境界線を相対化すべきである。これは、破線の境界線を想定する自由主義が正解であるという意味では必ずしもない。すでに示したように、自由主義は、自らのゲームの周囲に必ず生じる境界線については無自覚だからである。そうした境界線も含め、境界線がつねにあることを認めつつ、いかなる境界線も絶対的なものではなく、変えられるものであると考えること。境界線を消そうとするのでなく、それに対して距離をおくこと。政治の外に出ようとしても無理であり、政治の中にとどまるしかないと認めること。こうしたことが、さしあたり求められているのではないだろうか。

(1) その代表的な一人がハンナ・アレントである。Hannah Arendt, *The Human Condition*, University of Chicago Press, 1958: 志水速雄訳『人間の条件』ちくま学芸文庫、一九九四年。

(2) こうした用語法が、一七世紀のロックに至るまで、曲がりなりにも維持されていたことは、周知の通りである。John Locke, *Two Treatises of Government*, 1690: 加藤節訳『完訳 統治二論』岩波文庫、二〇一〇年。

(3) 市民社会概念の政治的性格について論じたものとして、Jens Bartelson, *The Critique of the State*, Premier Books, 2001: 小田川大典ほか訳『国家論のクリティーク』岩波書店、二〇〇六年。

(4) 通常自由主義と呼ばれるこうした系譜の、現代における代表者はジョン・ロールズとユルゲン・ハーバーマスであると言えよう。

(5) ここでは、マルクス主義とシュミット主義を念頭においている。

(6) 自由主義の党派性については、William E. Connolly, *Identity\Difference: Democratic Negotiations of Political Paradox*, Cornell University Press, 1991: 杉田敦・齋藤純一・権左武

志訳『アイデンティティ／差異──他者性の政治』岩波書店、一九九八年、とりわけ第三章「リベラリズムと差異」を参照のこと。

(7) このあたりの論点については、拙著『デモクラシーの論じ方──論争の政治』ちくま新書、二〇〇一年において展開したので、参照されたい。

(8) 境界線と政治との関係について、本書「はじめに」、第三章「全体性・多元性・開放性──政治観念の変容と政治理論」、「おわりに」、および姜尚中・齋藤純一・杉田敦・高橋哲哉『思考をひらく──分断される世界のなかで』岩波書店、二〇〇二年を参照のこと。

(9) Carl Schmitt, *Der Nomos der Erde*, Duncker & Humblot, 1950=1988: 新田邦夫訳『大地のノモス──ヨーロッパ公法という国際法における』全二冊、福村出版、一九七六年。

(10) 実践が行われているかぎりにおいて政治が成立するという考え方について、拙著『権力論』岩波現代文庫、二〇一五年を参照のこと。

(11) こうした、フーコーのいわゆる生‐権力のメカニズムには第三章で言及する。

(12) ネグリとハートの『帝国』は、世界大の政治がすでに実現しつつあるという見通しのもとに、それに対する対抗勢力(multitude)の出現に期待をつないでいる。Michael Hardt and Antonio Negri, *Empire*, Harvard University Press, 2001: 水嶋一憲・酒井隆史・浜邦彦・吉田俊実訳『〈帝国〉──グローバル化の世界秩序とマルチチュードの可能性』以文社、二〇〇三年。なお本書「おわりに」を参照のこと。

第二章　境界線を引くとはどういうことか

境界線を引くとはどういうことか。それについて考えるには、境界線を引くのとは異なるやり方、つまり境界線を引かないことを想定しなければならない。境界線を引くことと引かないこととの間に境界線を引くことなしに、境界線を引くこととは何かを論じることはできない。境界線を引くことについて論じること自体が、境界線を引くことを前提としていることになる。

この皮肉な事実は、境界線を引くこととは何かを問う、そのこと自体の無意味さを証しているのであろうか。必ずしもそうではなかろう。境界線を引くこととは何かを問うことそのものが、境界線を引いてしまうことになる。これは、境界線というもののやっかいな性格、一筋縄ではいかないそのありようを端的に示している。しかし、単純なもの、見え透いたものよりも、やっかいなもの、一筋縄ではいかないものを見つめる必要があるとすれば、境界線について問うことには意味がある。

ただし、その際、私たちが、境界線を離れたところから眺めて、境界線から自由な立場でそれについて論じられるわけではない点に注意する必要があろう。自ら境界線にかかわり、それを引き続けている立場からしか論じることはできないのである。つまり、私たちは、境界線を自らと無縁なものととらえるのでなく、自らの一部としてとらえなければならない。

そんなことはそもそも可能なのか、という疑問もあるだろう。私たちが何かを論じる際に以上、境界線について論じることはできないのではないか。私たちが何かを論じる際には、その論ずべきものがきちんと対象化され、それを論ずる私たちが主体化され、対象と主体とは切り離されていなければならないのではないか。

しかし、何かを論ずる際に、その何かが先取りされてしまうというのは、決して珍しいことではない。最も典型的な例は、言葉について論ずることである。言葉を用いることなしに、言葉について論じることはできない。言葉を用いることで、言葉は私たちの一部となり、私たちは言葉を完全に切れたものとすることはできなくなる。だが、だからといって、言葉とは何かについて論じることが無意味であるとか、それが不可能であるとかいうことにはならない。

私たちにとって境界線からの完全な自由、つまり自分たちと無縁なものとして境界線をとらえ、境界線を離れたところから眺めるという意味での自由がないということは、私たちが境界線について論じられないということを意味するわけではない。また、それは私たちにいかなる意味での自由もないということも意味しない。境界線を引き続けるしかないが、それでも境界線とは何かについて考えることができるということは、私たちにとっての自由を意味しているのではないか。

こうした考え方をせず、私たちが境界線について論じることができるようにするために、私たちが境界線を離れたところから眺めていることとあえて想定しようという考え方もある。しかし、それは境界線と私たちの間に、あらかじめ境界線を引くやり方であるといわなければならない。境界線を逃れようとして、かえって境界線に依存してしまうのである。しかも、そのことを直視せず、境界線がないことにしようとするというのは、誠実なやり方とはいえない。私たちは境界線を引き続けながら、同時に境界線について論ずることができる存在である。このことから出発しよう。

身体と境界線

私たちが境界線と無縁でないということは、次のことからもわかる。私たちの一人ひとりが、個人として、つまりそれ以上分けられないものとしてそこにあると考えた時点で、すでに私たちは境界線を引いている。個人とその外部との間の境界線である。

これはまずは、私たちの身体をめぐって想定されるだろう。私たちの身体の輪郭が、重要な境界線として意識され、その境界線をみだりに侵すことは暴力として問題にされる。

しかし、個人にかかわる境界線は、個々の身体の輪郭に限られない。個々の身体が自然に対してはたらきかけた成果として獲得されたものは、いわば身体の延長であり、その身体を有する個人に属するというかたちで、個人所有権が基礎づけられる。個人によって所有されるものを、その外部から切り離す境界線が想定される。世界はそれぞれの個人によって切り取られ、分割されるものと考えるようになっている。

そして、個人とその外部との境界線と密接に関係するかたちで、私的なもの、隠されるべきものと、公的なもの、公開されてよいものとの境界線が引かれる。身体と、身体のはたらきにかかわる事柄、食事、排泄、性的関係などは最も典型的に私的なものとされる。個人にかかわるさまざまな情報(プライバシー)の範囲を示す境界線が想定され、その内側に踏み込むことも許されなくなっている。

身体に対する文字通りの暴力は許されないし、個人の身体への外部からの干渉は極力抑えられるべきである。また、誰にも見られたくない領域というものはあり、何も悪いことをしていなくても伏せておきたい事柄はある。そうした意味で、個人的なものとその外部との間の境界線は重要である。

しかし、だからといって、その先の部分まで、すなわち身体の延長という比喩にもとづいて、所有権を身体やプライバシーと同様に保護しなければならないか、個人による世界分割を当然のこととして受入れられなければならないかは別の問題である。これまで国家によって経営されてきたものを企業などに委ねること(プライバタイゼーション)

は「民営化」と呼ばれてきたが、それが所有をすべて私的なものと結びつけるやり方であることを明確にするために、むしろ「私有化」ないし「私化」と呼んだ方がよさそうである。

個々の身体の固有性を大切にするからといって、モノやカネをすべて個人に割り振らなければならないということにはならない。その意味で、私的とされる部分と公的とされる部分との間の境界線は、流動的であり、固定的なものではないのである。

さらにいえば、個人の身体の固有性についてさえ、それを無条件に絶対的なものと見なすべきかどうか。考えてみれば、異なる身体間の行為をきっかけとして、母体から生まれてくるという点に、すでに個人の身体が他の身体に依存していることははっきりとあらわれている。無から生まれたものではなく、私たちの身体は、父母の身体と、さらにそれを経て無数の血縁的な身体とつながっている。また、他の身体との協力なしに生殖ができないという事実は、別の意味で、私たちの身体が自足的なものではないことを示している。このように考えれば、個人の身体の輪郭という境界線は、完全に閉じたものではないということになろう。

ここから一歩ないし数歩進んで、人間相互の身体のつながりについて考えることができるかどうかは議論の余地がある問題である。たとえば、移植医療を推進する人々は、そうした考え方を潜在的に採用している。私たちの身体の同型性、つまり、いくつかの条件が満たされれば、ある個人の身体の一部が別の個人に移植されても十分にその役割を果たしうるということ、すなわち交換可能性があることは、すべての人間の身体の集まりを一つのまとまりと見なすことができることを示しているともいえる。こうした考え方に対して、身体の固有性を大切にしないと、個人をないがしろにすることにつながると警戒する人々もいるだろう。

個人の身体の固有性から、比喩的にその延長として私的所有権を擁護し、世界を個々人によって分割させていくのとちょうど対照的に、こうした身体相互のつながりから、比喩的にその延長として共有権を擁護し、世界を共有のものと見なすことができるだろうか。

身体のつながりから直接に、そう論じることは難しいだろう。しかし、私たちが、他のさまざまな人々と同時に生きており、種々の活動を通じて相互に依存し合っていることから、つまり私たちの身体が時間を共有していることから、人間相互の連帯をある程度基礎づけることができないわけではない。

その場合、人々が互いにつねに無償の愛をそそぎ合うとか、当然に協力関係にあるとかいったことを想定する必要はない。そもそも、つねに無償の愛が約束されている関係とか、逆に打算だけの関係といったものはあるのだろうか。家族は情愛にもとづくものとされるが、そこにも打算はある。ある人が一方的に犠牲になったり、負担を一方的に求められたりするような関係は長続きしない。他方、経済活動は利益を目的とするが、初めて会った相手を疑ってかからなければならないようなところでは、経済活動も円滑には進まない。

たしかに私という個人が生まれるまでは、私にとってこの世界は存在しなかったし、私という個人が死ねば、私にとってこの世界はなくなる。個人として生まれ、はたらき、生活し、死んで行くということが強調される中で、個人が獲得したものはすべてその個人に属し、その一部たりとも他の人々のために徴収することは不道徳であるといった考え方が一部で広まった。同時に、個人の身にふりかかる苦難は、すべてその個人の責任によるものであり、他の人々が手をさしのべる必要はないとされる。

しかし、例外的な場合を除き、私たちはたったひとりで暮らしているわけではない。さまざまな人々との結びつきの中で、私たちは生きている。そこから最低限いえることは、個人という境界線は自明ではないことである。それを、他のすべてのつながりにつねに優先する切り札的なものと見なすことはできない。

主権と国境線

個人の身体の輪郭と共に、最も広く受容れられている境界線は、国境線である。国境線を実際に見る機会は多くはないが、地図などの上に形象化され、人々の脳裏に強く刻みつけられている。植民地権力などによって引かれた国境線を地図上でみると、私たちは強い印象を受ける。それは、他の植民地権力との争いの結果として、それまでは何もなかった砂漠の真ん中や海の上に突然引かれる。その人為性は誰の目にも明らかであり、砂漠の中にどこまでも続く直線の形で引かれた国境線は、その線が人々のそれまでの暮らしのあり方などとは全く無関係に、恣意的に引かれたものであることを示している。

しかし、実はそうした旧植民地などの特定の国境線だけが人為的で恣意的なわけではない。他の多くの国境線も、過去における争いや征服の結果として、そこに引かれているのである。

国境線は主権と密接な関連をもつ。主権は国境線の内側では、何ものにも制約されない絶対的なものであるとされている。このことは、実際にそうした絶対的な権力が存在しているということを保障するものではなく、法的に、そのような性格をもつものとして主権というものが考えられているということである。そして、主権は国境線の外側に対しては及ばない。ということは、主権は国境線によって規定されているということにほかならない。ある境界線を前提とし、その内側においてはたらくのが主権である。

しかし、他方では、国境線が主権によって規定されている面もあることに注意しなければならない。というのは、主権と他の主権とが相互に認め合うことで、はじめてある国境線は成立する。そして、国境管理を行い、国境線を人やものがみだりに越えることがないように監視し、国境線を維持しているからである。

国境線は、法や権力の限界を画するものである。国境線が引かれるのは、ある法なり権力なりが、他の法なり権力なりによって制約されない自律的な存在であることを望むためである。正確にいえば、法や権力そのものがそれを望むわけではなく、法や権力の自律的なあり方を望む人々がいるためである。

法や権力の自律を望むと、なぜ線を引くことにつながるのか。それは、そうした望みを持つ人々が、外から制約されたくないという形で、外というものを想定するからである。自分たちの領域の外というものを想定した時点で、線はすでに、少なくとも潜在的には引かれている。外側でないものが内側であるとされ、外と内とを分けるものとして、両者の間には線があるということになる。

もっとも、世界に「私たち」以外の何者も存在しないのなら、線を引く必要はないのではないか。一応、そう考えることもできる。たまたま「私たち」以外の人々が存在し、彼らもまた(「私たち」に加わることなく)自律を望むがゆえに、両者の間に対立関係が生じる。これが国境線の起源であると。この文脈では、国境線というものは、ある自律的な法や権力と、他の同様なそれとのせめぎ合いのなかで、たまたま成立した妥協の線だということになろう。妥協とは一種の婉曲な言い回しであり、流血の果てにそこで力尽きたという場合がしばしばあるにしても。

ただし、仮に「私たち」の範囲が全人類と一致したからといって、線を引いていないことにはならないという考え方もある。それについては、後で検討したい。

両側から押して行った力が、そこでたまたま均衡したのが国境線にすぎないとすれば、その線のこちら側と向こう側とが、本来、相容れないものとして切れているとは限らないことは明らかである。しかし、一旦成立すると、それは当然のもの、自然のものであるかのように扱われる。線のこちら側と向こう側とは、無関係なものであるかのように考えられる。

それは、線を維持するためには、その線が自然なものと見なされるようにした方が有利だからである。こうした文脈で、国境線はしばしば個人の身体の輪郭と類比され、主権は個人の主体性と類比される。個人の身体の不可侵という、広く受け容れられている前提に依存する形で、国境線の不可侵が論じられることになる。そして、個人がその身体の固有性にもとづいて、身体を自衛する権利をもつという考え方に寄りかかる形で、主権は国境線を維持する権利をもつと想定されるのである。

国境線には効用はないのか。多くの人々があると信じており、だからこそ国境線を支えようとし、あるいは少なくとも、それをなくそうとすることには強い反対を示しているのであろう。そればかりか、線をほんのわずか変更しようとすることに対してさえ抵抗するのであろう。

国境線はしばしば、個人の身体の輪郭と類比的にとらえられている。個々の身体の境界線をむやみに侵すことが、暴力とされることはすでに見た。また、個人が外部から干渉されたくない事柄を、私的なものとして守ることの意義についても確認した。多くの人々は、自らの身体の固有性からくる、こうした個人としての固有性のさらなる延長上に、国境によって囲い込まれた領域の固有性を考えているようだ。そして、この固有性を守ることが、個人という単位の固有性を守ることと同様に、不可欠なものととらえているように見える。

国境線によって囲い込まれた領域(国家)と、個人の身体の輪郭によって囲い込まれた領域(個人)とを、類比的にとらえることはできるのだろうか。

それはできない、と強調することもできよう。個人を守ることと、主権国家を守ることとは、つねに両立するわけではない。個人が国家によって徴兵され、国家のために死ぬことを求められるような局面を考えれば、そこで両者の利害が対立していることは明白である。そこには対立はなく、「高い次元」では調和しているといった考え方もできるし、実際にそうした考え方はさまざまなところで、人々に植えつけられてきたが、それは少なくとも、個人の身体を守ることを保障する議論ではない。そこで前提とされているのは、身体は損なわれても、個人が失われるわけではないという議論であり、ここでの文脈には当てはまらない。

重要なことは、個人の側からみて、徴兵が自らの境界線を侵すものと見なされうるのと同様に、逆に主権国家の側からみれば、徴兵拒否は自らの境界線を侵すものと見なされうるということである。それは境界線を外側から侵すものではないとしても、内側から線を侵食する。

こうした対立は徴兵といった局面に限られない。徴税についても同様のことがいえる。主権国家が強制的に個人から徴収する税は、私的所有権を制約するものとも考えられる。個人の身体の固有性の延長上に私的所有権をとらえ、それを強調する立場からすれば、徴税が一種の盗みと見なされるのも理由がないことではない。しかし、逆に主権国家からすれば、税なしには国家というものを維持することはできない。国境線を維持するためだけにも税は必要だし、国境線の内側における人々の活動を円滑にし、安定化させるためにも税は必要になる。これを拒否することは、主権国家を否定することにつながりかねない。

しかし、このように個人と国家との対立を強調する議論にはそもそも限界がある。現実に多くの人々が両者を類比的にとらえていることをどう説明できるのか。人々は単に誤った考えにとらわれているのだろうか。そうではあるまい。個人の身体の輪郭線、国境線以外にも、さまざまな境界線がありうる。家族とその外部とを分かつ線、ある自治体とその外部とを分かつ線などは、法によって制度化された、疑う余地のないものとして意識されている。この他に、もっとあいまいな線がいろいろある。同じコミュニティに属すると考えられる人々とその外部とを分かつ線。ある同じ階級と考えられる人々とそれ以外との間にある線、などである。こうしたさまざまな線は、意図的に引かれたものなのか、それとも当然にそこにあるのか、ということについては後で考えたい。とりあえず、多くの人々がそう考えているように、さまざまな線が現にあるとしよう。

それらの線のうちのどれかを、自らの身体の輪郭線と比喩的にせよ結びつけようとするのは、どのような動機によるのか。いかなる意味でもそうした結びつきを拒む人々、すなわち自らの身体の輪郭線だけを大切にしているとする人々もいるかもしれないが、多くはない。国境線を大切にしない人々はしばしば無政府主義者と呼ばれるが、彼らはたいてい、何か他の線を大切にしているものだ。

自らの身体の輪郭線とその外部との間の境界線だけに頼ることはきわめて危険である。外部からの影響を防ぐものはたった一つの境界線しかなく、そこを侵されれば、すぐに自らの内部に入ってくるからである。したがって人々は、自らの身体の外部の境界線にも頼り、何重かの境界線を張り巡らし、それによって自らの安全性をより一層確保しようと考える。これが、人々の動機であり、そうした動機をもつことを不合理とはいえない。

その場合、どの境界線を頼るかは、最終的には個人の判断であるが、しかし、個人の全面的に自由な判断にゆだねられているわけではない。その時々の情勢、すなわち歴史的な条件によって左右される部分もある。これまでに述べてきたように、今、最も自然なものとして想定されているのは国境線であるが、常にそうであったわけではない。主権の概念が普及する以前には、それ以外の境界線、たとえば小さなコミュニティのようなものや、あるいは宗教を共にする範囲という大きなものが考えられていた。

少し前をふりかえれば、階級という線に期待が寄せられたこともあった。労働者、資本家といった階級区分は、国境線とは独立している。それはむしろ、国境線と交差し、国境線を貫いて存在する。そして、階級こそが人々にとって本来的なものであり、人々がそのことに目覚めさえすれば、人為的な国境線は乗り越えられるとも考えられた。しかし、今日では、こうした議論は力を失い、それに伴って国境線が力をつけている。階級を区分する境界線そのものを疑うことさえ珍しくなくなっている。

国境線は、恣意的なものであるにもかかわらず、その内側の人々と外側の人々とを区分する。外部の人々は排除されている。このことは、人々の実際の生活に大きな影響を及ぼしている。地球上のどこに生まれるかは全くの偶然であるが、経済的に豊かな地域に生まれ落ちるか、貧しい地域に生まれ落ちるかはきわめて重大な結果につながる。豊かな地域に生まれた人々には、教育の機会、雇用の機会、他の土地に移動する機会など、さまざまな機会が提供され、貧しい地域に生まれた人々にはそれらは提供されない。しかも、これらすべては本人の努力とは関係なく、全くの偶然の結果なのである。

このことを考えれば、国境線が罪作りなものであることは明らかであり、恵まれない側の人々が国境線を呪ったとしても当然であろう。しかし、同時に国境線が、人々が連帯するための最低限の根拠をもたらしているという側面を否定することもできない。必ずそうなるというわけではなく、国境の内側の人々が十分に連帯していない例ももちろんある。しかし、現在のところ、人々が私的所有権への一定の制限を受け容れるのは、国境線の内部で、同じ自立的な法ないし権力にかかわっているという事実以外にない、という意見が有力なのである。国境線のこうした両義性を受け止める必要がある。

階級と境界線

国境線は、恣意的に引かれたとしても、主権国家が相互に承認し合うことで、あたかも自然であるかのように受け止められ、安定的なものとなる。それを変更することの難しさと、その背景についてはこれまでに述べてきた。これに対して、たとえば階級区分のような線については、どう考えればいいのだろうか。階級のようなものは、人々があると思えばあるが、ないと思えばないようなものにすぎないのだろうか。それとも、人々がどう思うかとは別に、そこにあるということなのか。

私たちは境界線を引き続けながら、同時に境界線について論ずることができる存在である。これが、ここでの出発点であった。この前提そのものが、私たちの能力や自由を過大に評価した考え方にもとづいている、という意見もありうる。すなわち、私たちが境界線を引いているのではなく、境界線はそれ自体として存在しているという考え方からすれば、私たちが介入する余地などはないのである。

人々の間に貧富の差があり、それに伴って暮らし方や文化の違いがある以上、空間的に近くに暮らす人々の間に、つまり国境線の内部においても、性格の異なる集団が見出されることは当然ありうる。それを否定することはできまい。そして、ある集団の横のつながりが、国境線をまたいでつながると想定すること、すなわち階級が国際的であるなどと想定することも、もちろん可能である。

このような、階級を分かつ境界線と国境線との交差を重視し、前者を強調することによって国境線が相対化されると考えた人々もいたし、今でも存在する。階級という境界線の方がより本質的であるとすれば、その線は、国境線という恣意的で人為的な線を色あせさせてしまうはずである。

しかし、そうした考え方が成り立つには、階級を分かつ境界線が単に事実上存在するということだけでは足りない。それ以上に、互いに相容れないものとして階級が分かれることが、つまり階級対立が自然であるという前提が必要である。資本をもち、それを投資する立場の人々と、資本をもたず、自らの労働力を売って生活するほかない人々とが分かれるという理論は、そうした前提として受け止められてきた。いったんそうした分離が起こると、市場での経済活動が続くかぎり、階級間の境界線は存在し続けるというのである。こうした理論を立てた人々は、そこから、市場での経済活動を止めることによって、階級間の境界線を最終的に、つまり二度と逆戻りしない形で、なくすことができると考えた。

こうした考えからすれば、市場経済の廃止に成功するまでは、階級を分かつ境界線は私たちがどう思うかとは別にそこにあるということになるのだろうか。私たちが境界線を引いているわけではなく、私たちはただそれを受け止めるほかはないと。

しかしながら、仮に貧富の差が大きく、暮らし方の幅が大きな社会であっても、そこで人々が自然に階級の意識をもつわけではない。貧富の差があっても、全体として暮らし向きがよくなっている時には、人々は差を強く意識しないかもしれない。国境線の中の暮らし向きが全体としてよくなっている場合には、国境線の外部との違いをより強く意識し、内部での差をあまり感じないかもしれない。また、暮らし向きの差があっても、共有する文化が大きい場合には、同質性が強く意識され、階級を分かつ境界線は念頭にないかもしれない。

人々がどのような境界線を意識するかについては、境界線の見方についての理論ないし思想が一定の役割を果たす面もある。もちろん、その役割を過大評価することはできない。自分たちの暮らしぶりの実感や、周囲との比較の意識にそぐわない理論を人々に植え付けるようなことは、長期的には成功しない。しかし、逆に理論の役割を全否定することも間違っている。

境界線がどこまで私たちの手の届かないところで決まっており、どこから私たちが引いているものなのかは、このように両義的にしか語ることができない。境界線のあり方は、たしかにある程度までは、私たちによって左右できない、つまり私たちの外部にあるものである。しかし、同時にある程度までは、私たちが左右できるもの、つまり私たちの内部のものであるといえる。そのかぎりにおいて私たちは、境界線を自らが引いているのであり、境界線の存在について当事者性をもっている。

経済的なものと階級について見てきたことは、それ以外のさまざまな境界線についてもいえる。人の性のあり方についての境界線も、身体的なものによって完全に決められているわけではない。ある程度までは、そしてある部分については、身体が左右しているかもしれない。しかし、それ以上に、私たち自身の考え方、たとえば文化といったものによって境界線のありかは定められている。時の経過と共に、あるいは場の違いによって、性のあり方についての境界線は全く違う形をとる。

市場と境界線

境界線をなくすことはできるか。ある境界線を否定するということ、つまり、それがそもそも存在しないと主張したり、あるいは現在は存在するが、それをなくすことができると主張したりすることはできる。その場合には、しばしば、なくそうとするのとは別の境界線の意味が強調される。ある境界線を確認することで、別の境界線をないものにしようとするのである。

階級こそが本来の境界線にかかわるとして、国境線を相対化しようとする人々については すでに述べた。これとは逆に、階級を分かつ境界線などは重視するにあたらず、国境線の方がはるかに大事だとする人々もいる。

階級を分かつ線と国境線とは、いわば交差している。すでにふれたような意味で、階級を分かつ線が国境線をまたいで、あるいは貫いて延びている。ある特定の階級に属する人々は、さまざまな地域に存在しており、国境線の枠には収まり切らない。ここから、次のようなことが生じる。すなわち、国境線を引くことによって、法ないし権力の自律性を確保しようとしても、その限界が明らかになる。国境線をまたいで国際的な連帯が生まれれば、国境線の意味は相対化されてしまうのである。逆のことは、階級を分かつ線についてもいえる。国際的な連帯の可能性を言っても、実際には国境線によってその連帯が引き裂かれてしまっているとすれば、階級を分かつ線の意味は相対化される。このように、二種類の線は相互に緊張関係にある。これが境界線の「交差」ということの意味である。

市場を重視する立場は、このような議論の文脈ではどのように位置づけられるだろうか。何かを売りたい人と買いたい人とがあらわれた時に、そこに市場が生まれるとされる。市場は、自由な意思にもとづいた交換の場であり、そこには強制が入り込む余地はないと、市場を重視する人々は主張する。そうした立場から彼らは、国境線の内部に立てこもるものとして国家を批判するであろう。徴税に典型的にあらわれているように、国家は人々に負担を強制する。たとえ国家が国境線内の人々の生活に安定をもたらす面があっても、強制は正当化されるものではない。そもそも人々の自由な交換を、国境線によって規制しようとすることがよくない。市場には境界線は存在しない。市場に対して一方的に境界線を押し付けているのが国家であると。

彼らは、返す刀で階級論をも批判するであろう。市場の中にいるのは、一人ひとりの個人である。一人ひとりが、自らの判断で売り買いに加わっている。もちろん、その豊かさや社会的な立場には差があり、それによって、交換を有利に進められる人とそうでない人とがいるが、だからといって、人々がある境界線によって分断され、「私たち」と「彼ら」との利害が本質的に対立しているということはない、と彼らはいう。それどころか、市場での交換に加わることによって、通常は誰もが利益を得ている。その利益の大きさはさまざまであるにせよ、というのである。

これに対して、国境線を大事にする人々と、階級を分かつ線を大事にする人々とから、それぞれ次のような反論がありうる。まず、市場は実際にはしばしば国境線を前提としてはじめて成立しているのに、そのことを忘れているのではないか。市場での交換は、治安が確保され、法によって取引の安全性が確保されているところでなければ、うまくいかない。また、経済活動に参加する人々は、言葉でお互いに意思を伝えあったり、考え方を共有したりする必要があるが、そうした能力は国境線の内側で国家によって行われる教育によってもたらされている。さらに、国境線は関税などによって国内市場を保護する側面をもっている、というのである。

次に、階級論の側からすれば、市場の意味を強調する人々は市場が実際には強制的な面をもつことを忘れているか、あるいはわざと隠そうとしているのではないか。資本をもたない人々は、自由な意思で市場に参加し、自らの労働力を売っているわけではない。彼らはそうしなければ生きていくことができないので、どんなに不利な条件であっても交換に加わるしかない。それは自由な労働ではなく、強制された労働なのである。また、市場に加わっている(あるいは加わらされている)人々の現実の姿を見れば、そこには圧倒的に有利な一群の人々と、それ以外の人々とが分かれる。好むと好まざるとにかかわらず、両者の間には境界線を見てとることができるのだと。

これらの批判がどこまで当たっているかよりも、ここで論じたいのは、国境線も階級を分かつ線も否定しようとする市場主義者が、それではすべての境界線と縁を切ることができるのか、境界線のない状態を構想することができるのかという点である。

結論からいえば、それは不可能だ。彼らは、市場とその外部との間に境界線を引こうとしているからである。強制的な国家に対して自由な市場という対比をしながら、彼らは国家の領域と市場の領域とを厳密に分ける。そして、前者の領域をできるだけ小さくしていくことが、人々の自由を高めることになるばかりか、その生活を豊かなものにしていくことにもつながるとするのである。

この境界線を引くことで、市場的なものと国家的なものとの間のつながりが断ち切られることになる。市場が成り立つためにも国家が必要なはずなのに、それを無視できるのかという(国家を大事にする側からの)論点だけが問題なのではない。国家をもっぱら強制の領域とし、市場を自由の領域とすることで、国家による強制的な再配分が人々の自由を高めることがあるといった点は見えなくなってしまう。市場で強い立場にある人々から税を徴収して、市場で弱い立場にある人々にそれを配分することで、弱い人々がはじめて安心して暮らしていくことができるといった事情が、軽視されることになる。また、市場的でもあり国家的でもあるような、あいまいな、しかしそれなりに役割を果たす領域が、視野の外に追い出されてしまう。

そして、すでにふれたように、今日では市場とその外部との間の境界線は、個人の身体の輪郭という境界線と、ますます関連づけられるようになっている。個人の身体の固有性。その延長上に個人所有権が想定され、市場で得られたものは、すべて個人に属するものと見なされるようになっている。市場で高く評価されるには、さまざまな偶然もはたらいているのに、成果は本人だけの手柄とされ、その一方で、市場で低く評価されることも、ある程度までは、さまざまな偶然的な条件によるにもかかわらず、本人だけに責任があるものとされる。このようにして、競争力のある人々とそうでない人々、競争力のある人々が多く暮らす地域とそうでない地域といったものの間に境界線が引かれることになる。

境界線の両義性

たしかに、主権国家が国境線を前提としているような意味では、市場は境界線を前提とはしていない。何かを売りたい人とそれを買いたい人とがあらわれた時に、そこに市場が生まれるとされるからである。遠く離れた人々の間でも売り買いは可能である。それどころか、むしろ遠く離れた人々の間の売り買いが有利である場合が多い。近くにはない珍しいもの、何かをつくったり何かをしたりするのに必要だが近くでは見つからないものを、人々は求めるからである。人々の労働を買ってものをつくる産業は、今よりもっと安くはたらいてくれる人々を求めて、遠くへ遠くへと向かう。

このことをとらえて、市場には境界線がない（ボーダーレス）とか、市場は地球大（グローバル）などといわれることが多い。しかし、こうした言い方にはいささか問題があろう。

これまでも見たように、経済活動が円滑に行われるためには、国家の役割が必要になる。国家によって治安が確保されていることは重要だし、教育を通じて人々が言語を共有していれば、協同してはたらきやすい。取引にかかわる法も、少なくともこれまでは、国家によって整備されてきたし、国家の強制力によって法が執行されてきたのである。各国別の法体系や関税などが障壁になって、経済活動が自由に国境線を越えることができないという側面もあるが、逆の面もある。それぞれの場でそれなりに安定した形で法が執行されていることで、他からやってくる企業などにとっても、予測可能性が、つまり、そこで経済活動をすればどうなるかを事前に知る可能性が高まるのである。

主権国家のみがそうした役割を担うわけではなく、それらが結びついて新たな境界線を引くことになった欧州連合のような地域共同体も、今日では大きな意味をもっている。その意味で、境界線の範囲は広がりつつある。しかし、これは境界線がなくなることと同義ではない。地域共同体のようなものにしても、それが閉じた境界線によって囲い込まれており、つまり外部をもち、その外部と対抗し、競争していることに意味があるのかもしれないからである。地域共同体が世界を覆い切っていないこと、境界線があることが大切なのかもしれない。

これに対して、アメリカ合衆国がしばしばそうするように、自らの法体系や経済活動のやり方を、普遍的に正しいものとして外部にも押し付けてくることもある。それぞれの地域でのやり方は、そこでは「非関税障壁」などと呼ばれ、不当なものと見なされる。こうした手法は、市場にとって境界線が邪魔であると見なし、それを排除しようとする点でボーダーレスな方向に向かわせるものである。しかし同時に、それは特殊アメリカ的にすぎないものを広めている点で、ある境界線を単に押し広げているにすぎないと見ることもできる。つまり、アメリカ的なやり方とそれ以外のやり方との間に境界線を引き、その境界線を絶対的なものとしようとしているのである。

市場を絶対化することが境界線の廃止につながらないもう一つの点として、それが世界に新たな亀裂をもたらしていることが挙げられる。市場は、世界を競争力のある地域とない地域に、あるいは競争力のある個人とない個人とに分ける。市場によって競争力がないと判定された部分は、市場活動を絶対化するかぎり、苦難に直面するほかない。経済をボーダーレスにすること、グローバル化することとは、このように新たな境界線を持ち込むことにほかならないのである。

そして最後に強調しておきたいのは、すでにふれたように、市場を地球全体にまで広げることが、市場とその外部という境界線を残さずにはおかないという事実である。市場が世界を覆ったからといって、市場以外の部分がなくなるわけではない。市場の限界を見すえ、市場を批判しようとする立場がある限り、市場に囲い込まれない何かがある。市場的なものとそうでないものとの間の境界線が残る。同じことは、市場以外のものについてもいえる。国家を地球大にしようとする世界政府論、あるいは、市民社会を地球大にしようとするグローバル市民社会論といったものについても、同様の指摘ができるのである。

私たちは、境界線のない世界に生きることはできない。しかし、そのことは私たちが自由でないということを意味するわけではない。境界線の両義性を意識することで、私たちは境界線と共存できるのである。

第三章　全体性・多元性・開放性

――政治観念の変容と政治理論――

隣人へのきみたちの愛の償いをするのは、より遠い者たちである。かくて、きみたちが五人いっしょにいるというだけでもう、つねに、六人目の者は死ななくてはならない。

（ニーチェ『ツァラトゥストラ』〔16〕「隣人愛について」[1]）

二〇世紀の政治理論をふり返るとき、それがいかに、国民という単位の安定性を議論の前提としてきたかにあらためて気づかされる。すなわち、他の単位と異なる特別の重要性を持つ国民という単位が、国家によって維持され、再生産されていること。一方、そうして形成された国民が、個人的に、あるいは結社を通じて主体性を発揮し、国家に対する抵抗をなしうることなどが、前提とされてきた。国民による自己決定としてのナショナル・デモクラシーと、国民によるチェック機能としての自由主義をいかに上手に組み合わせるかが、政治理論の主要な関心事とされてきたのである。しかるに、二〇世紀も終わりを迎えた今、これまでの議論の延長上にあるだけでは、必ずしも十分とは言えない。さまざまな集団や団体や企業がかつてない影響力を持ち、国民的な主体概念によってとらえ切れないさまざまな要素について、人々が自己主張を始める中で、リベラル・デモクラシーという枠組みは、急速にその特権性を失いつつある。それと共に、二〇世紀における政治理論は、その理論的な蓄積の大きさにもかかわらず、当面の事態を把握するための手立てとしては、「赤字(deficit)」を計上しているようにさえ見えるのである。ここでは、従来の言説について、筆者なりの観点からごく概括的に整理した上で、国民国家以後の政治理論が直面している問題点について考えてみたい。

1　全体性

二〇世紀は植民地帝国と共に始まり、国民国家の時代を経て、いまその黄昏を目撃しつつある。こうした変化が何によってもたらされたかという問題を立てると、多くの場合、経済的な説明が前面に出てくることになる。すなわち、産業資本段階から独占資本段階への変化など、多かれ少なかれマルクス主義的な傾向を伴う説明である。しかしながら、政治的な単位の形成を、経済的な要因のみに帰することには無理があるように思われる。例えば、産業化のために有利なものとして国民国家が選択されたという命題を考えてみよう。後にもふれるように、一旦国民国家という枠組みをつくることが選択された後に、そこでの国民形成(「国民化」)が産業労働者の創出と不可分であり、産業化に大いに寄与するようになったことは事実である。しかしながら、こうした説明では、なぜ産業化がそもそも必要だったのかということが無視されている。産業化はなぜ必要だったのか。それは、国民に食べさせるためである。他の諸々の人間たちから区別された国民という一定の集団について、その生存を確保し、その繁殖を促すことが課題として意識されたからこそ、産業化が必要になった。その意味では、産業化に論理的に先立つ形で、国民という単位が選択されているのである。もちろん、このことは、国民という単位が、真空状態の中で、フリー・ハンドで選ばれたという意味では全くない。それは、ある一定の歴史的な条件の下で選択されたし、歴史的な条件の中には、どのような規模でどのような文化的凝集性を持つ政治的単位が、その当時の経済的な与件に最も合致するかという点、すなわち経済的な要因も含まれていたに違いない。そもそも、後にもふれるように、一旦ある「群れ」が囲い込まれた後には、その「群れ」を同質化する必要があるとされる以上、単位を決める際には同質化が容易かどうかの見込みも当然勘案されたであろう。そこに、何らかの人種的(ないしエスニック)な特徴や文化的な伝統を共有するとされる、民族なる単位が前面に出てきやすい事情があった。そして、民族という単位が他の単位と異なる自然的なものとして特権化されたときに、あらゆる問題が噴出することになったのである。しかし、それに先立って、ある一定の群れに餌を与え続けることを最大の政治的課題と見なす考え方がかなり広範に共有されていなければ、二〇世紀におけるような、国家と産業化を不可分とする考え方が生まれないことに注意する必要がある。一定の土地を領土として保有し、その上に乗っている人間たちを形式上

「支配」することに主眼を置き、その人間たちの活力に一義的には関心を持たないような政治もありうるからである。

フーコーは「全体的かつ個別的に」と題する講演で、プラトンの『ポリティコス』における「政治的なるもの(ポリティケー)」の規定の仕方に注意を促している。(2) そこでプラトンは、一種の神話の形をとって、神が直接人間を率いていた時代には、人間は神によって飼育されていたが、宇宙の大変動の後、人間が人間を率いる時代になると、そうした神の役割を引き受けられる人間はもはやいなくなったと述べる。人間に餌を与える仕事、個々の人間の世話をする仕事は、農夫や医者などが分担することになる。そして、政治家は、そうした動物飼育術とは全く無縁に、人間の群れ全体を大所高所から管理する仕事に従事するものとされるのである。このような「動物飼育術」と「政治的なるもの」との分離という考え方は、その後の政治理論のあり方を大きく規定することになった。マキアヴェッリをはじめとする近代政治理論の主流は、動物飼育術にかかわることなく、国家という政治的な単位の枠組みの維持を自らの課題としたのである。そこでは、個々の人間がどのような生活を送るかは、政治が介入すべき問題ではないとされた。

しかしながらフーコーによれば、こうした政治理論のいわば王道とは別の流れとして、一方で動物飼育術としての政治観はしっかりと生き残ってきた。それは、群れの構成員の安全や物質的欲求充足についての全責任を引き受ける「牧人＝司祭(pasteur)」というキリスト教的観念と結びつき、一六世紀以降に「国家理性」論として再び政治の舞台に登場することになったというのである。その意味で、同時代人であるマキアヴェッリと国家理性論者たちとの微妙なすれ違いは、プラトンによって分離された二つの政治観のニアミスと呼ぶこともできるかもしれない。フーコーが強調するところでは、この時代に国家理性と呼ばれたものは普遍的なものとしての理性とは無縁であり、特定の国の国力を高めるための技術的な知の体系にほかならない。そして、国力とは、結局のところ、国の構成員である群れの人口や生産力であるとされていたのである。こうした動物飼育術としての政治観は、その後、ドイツをはじめとするポリツァイ(ないしポリス)学に継承され、今日の福祉国家に至るとフーコーは述べている。領土内の治水や土木から商業や交通の管理、そして貧民対策に至るまでをポリツァイの領域として国が担当するという考え方は、たしかに動物飼育術の延長上にあると言えよう。

フーコーと共に、こうしたいわば政治理論のもう一つの流れに注目することで、われわれは何ができるのか。それは、国家というものの成り立ちをもっぱら法的な観点から眺めた時に見失われるものの復元である。政治理論の主流は、法的な言説によって国家の成り立ちを説明してきた。その典型は主権論であって、国家は絶対的かつ排他的な「主権」を持つ至高の存在であるとそこでは定義される。もう一つの典型は社会契約論であり、そこではまず契約を結ぶ能力を持つ法的な主体ともいうべきものが想定される。

そして、そうした主体相互の契約の帰結として、国家が形成されるとする。この主権論と社会契約論はルソーにおいて結合し、人民主権論を形成することになるが、そこにおいても、問題にされているのはプラトン以来のいわゆる「政治的なるもの」の成立過程、すなわち他のいかなる単位とも質的に異なる特権的な政治的単位の成り立ちにほかならない。そうした法的な言説にももちろん一定の説得力はあるが、そうした言説が主導権を握ることで、国家の成立にかかわるいくつかの重要な事柄が隠蔽されてきたのではないだろうか。第一に、契約の母集団としての「群れ」がどのように区切られたかは不当に語られないできた。「自然状態」のようなごく一般的な想定から始まって、特定の国家の成立が語られることは考えてみれば異様なことである。社会契約論の内部には、社会契約に現に参加した人々が当事者であるという論理しか存在しないが、そうなると、あらゆる疑問が噴出してくる。なぜ、その場にいなかった、一度も明示的に契約に参加していない世代にまで効力は及ぶとされるのか。逆に、ある人々が契約の当事者適格を否定されているのはなぜか。もしも契約そのものが社会をつくるのであれば、趣旨に賛同しない人々がいつでも離脱できる一方で、賛同する人々なら誰でも参加できるはずである。しかるに、ある人々は契約の主体であるとあらかじめ見なされ、別の人々は契約からあらかじめ排除されているようである。それは、実際には契約に先立ち、征服などのしばしば暴力的な経緯によって「群れ」の範囲が区切られたからではないか。そして、契約が自発的であるという前提を維持するために、そうした経緯について沈黙しているのではないか。第二に、国家の成立を法的な言説を通してのみ説明すると、「群れ」に対して加えられた「国民化」権力の重大性を過小評価することになりかねない。この点は、監獄制度の成立についてのフーコーの議論と実は関係している。(3) フランス革命以後に、従来の公開処刑を中心とする行刑制度が改められ、それまではあまり見られなかった監獄という制度が一般化していくのは、残酷な刑罰に対する人道主義的な配慮が行き渡ったことと、人民主権論の下で、社会契約の主体にふさわしい市民に犯罪者を生まれ変わらせる必要性が意識されるようになったからであるというのが普通の考え方であった。これに対しフーコーは、たしかに法学者たちはそのように論じたが、実際に監獄を運営する人々の動機づけは全く別のところにあり、「群れ」の管理こそが彼らの目的であったと指摘した。すなわちフーコーによれば、社会契約などの法的な考え方とは別系統のものとして、すでに存在する群れを管理し、円滑に運営するという技術的な要請があり、両者は相互に支え合ったり対立したりしながら、監獄という制度を作り上げたのである。同じような事情は、国家についても見てとることができるのかもしれない。すなわち、政治的な単位の枠組みづくりが法的な言説を伴いつつ行われたとしても、それと並行する形で、群れを管理する動物飼育術的な配慮もはたらいたのではないか。

このように考えないと、近代において、しかしとりわけ二〇世紀において大きな問題となった「国民化」の問題を正しく位置づけることはできそうにない。フランス革命をはじめとする一連の市民革命は、国民が法的主体であると宣言した。もしも国家が単に法的な現象であるなら、それ以上必要なことは何もないはずである。国民を法的主体と定義することができた以上、国民は主体であり、主体以外の何物でもないからである。しかしながら、周知の通り、国家がその領域内の人々に強くはたらきかけ始めたのは、そうした宣言の後のことである。法の上では、すでに人々は法的主体として同質であるとしても、実際の生活においては、生活様式の点でも言語の点でも、領域内の多様性は顕著であった。こうした多様性を抑圧し、同質的な「国民」をつくり上げるために、義務教育等を通じて平準化・規格化が進められていく。それもこれも、工場における規律化された労働や軍隊における集団生活に耐え、群れの生活を安定化させて国力を高めることが、国家の主たる存在理由であったことと関係している。

重要なことは、こうした動物飼育術への傾斜が、ある特定の人々による陰謀にとどまらないということである。国民への規律化は、国民が一方的に被害を受けたとか搾取されたということでは必ずしもない。国民化はたしかに社会のあらゆる場所で摩擦を生み、抵抗を惹き起こした。しかし、そもそもなぜ国民化が必要になったかと言えば、それは先にもふれた通り、国民に食べさせるためなのである。そして、国民一人ひとりも、自分たちの生活を安定させたいという願いから、国家が国民の生活に責任を持つという国家理性論を支え、そうした責任を全うするために国家が国民を動員することを可能にした側面を否定することはできない。「安全(security)」への関心が、あらゆる国家の起源である。

したがって国民化の圧力が、構成員の平等性を前提とする考え方が最も広まった二〇世紀に頂点に達したことは何ら偶然ではない。国民という集団の同質性を前提とする国民的デモクラシーの下では、国民の内部にあるさまざまな差異は不自然なものとされ、不純物として除去される。また、国民に対して財政的に「答える責任(accountability)」を負えば負うほど、国民の福祉を阻害し、国力の増進に寄与できないような人間はますます排除されなければならないことになる。こうした傾向が極端な形態をとったのが、全体主義体制にほかならない。いわゆる社会主義国では、産業化の遅れた地域を強制労働によって産業化しようと、きわめて強い国民化圧力が加えられることになった。ドイツ人たちは、生物学的な特徴にもとづいて人間を自然的な群れに区分できるという考え方に、他の誰よりもとりつかれ、一定の領域内に異なる(とされる)群れが混在している場合には、ある種の群れを外に追い出すこと、それが無理なら抹殺することを当然と考えるようになったのである。これら二つの類型を全体主義と総称すべきかどうかについては議論があるが、いずれも、内部を全体化する強い圧力を伴う体制であったことは否めないであろう。しかも、全体主義国家と呼ばれなかった場所も、こうした傾向と無縁ではない。福祉国家を最も高度に実現した北欧諸国で、「障害者」への断種が最近まで行われ続けていたという事実は、その一例にすぎない。国民の福祉に責任を負う国家は、すでに出生し国民の一員となった障害者には手厚いケアを行う一方で、障害者が増加して福祉水準の低下をきたすことを回避しようとしたのである。これは単に特定の人々が偽善的であったということでもなければ、福祉国家の化けの皮がはがれて優生学的な本質があらわれたということでもない。北欧のデモクラシーが不十分であったということではもちろんない。ある特定の群れを囲い込み、群れの世話をし続けることを課題として引き受けた時に、すべての国家は「牧人＝司祭」の慈愛と冷酷とを併せ持つことになった。国家は群れに餌を与え、病んだ羊を親切に世話するが、群れ全体の運命を危険に陥れる「虞れ」がある羊を取り除くことにも、決して躊躇しえないのである。

もっとも「国民化」が両義的であるということには、さらにもう一つの意味がある。フーコーが「臣下＝主体化(assujettissement)」の二重性と呼んだものは、この点にかかわる。国民として規律化されるということは、身体や精神をはたらかせる一定のやり方を内面化するよう迫られることであり、その意味では、人は受動的な立場に立たされる。指定されているのと違うやり方をすることは許されないからである。しかし、同時にそれは、人が主体にされる過程でもある。したがって、それ自体は受動的な過程であるが、その結果として人は一定の能動的な役割を引き受けることにもなる。例えば、ある言語を共通語として強制されるのはつらいことであるが、それを習得した後には、それによって他の人々とより円滑にコミュニケーションすることができるようになるし、それを利用して共通語の強制に対する反論を展開したり、そのための運動を組織したりすることさえ(理論的には)できるわけである。もっとも、次のような反論もできよう。そのようにして得られたある種の「主体性」のようなものは、結局規律化する権力に取り込まれており、本来の主体性ではありえない。結局、それは定められた役割を繰り返す「役割行動」にすぎない、という反論も。本来の主体性というものがそもそもありうるかどうかとは別に、文化的な同一化がもたらす利得を一般的に論ずることには慎重でなければなるまい。植民地化された人々が旧宗主国の言語を強制的に習得させられた結果として、現在、ポストコロニアル批判を有利に展開できるからといって、植民地化そのものを正当化する根拠とはならないであろう。しかし、国民という単位を安定化させるべく国民化を推し進めた結果として、国民の中に国家を相対化する能力が蓄積したという逆説を、一概に否定することもまたできないのである。

2　多元性

全体性への圧力に抗するため、国家に対抗しようとするさまざまな試みが生まれてきた。それを、ここでは自由主義と呼ぶことにする。一口に自由主義と言っても、さまざまな類型があるが、何をより所にして国家に対抗するかによって、大きく二つに分けることができよう。第一は、個人をより所にする個人主義的な自由主義。第二は、何らかの集団の機能に注目する結社形成的(associative)な自由主義である。この他に、いわば第三の類型として、国家を越えた世界のレヴェルから国家に対抗するグローバルな自由主義というものも、理論的には考えられるが、実際には二〇世紀を通じて、そうした試みはきわめて低調であったと言うほかない。その最大の理由は、そうしたグローバルな自由主義を担う主体というものが、容易に想定されえなかった点にあろう。これから見るように、自由主義は結局「国民化」の過程で形成された国民的な主体に大きく依存しており、それ以外の形での主体形成の可能性は、ごく最近に至るまで考慮の外に置かれてきたのである。

自由主義は、一九世紀中葉において、まず宗教の影響力から政治を守ることから出発した。次いで個人の内面としての私領域を、国家にかかわる公領域から区別し、前者を後者による侵食から守るというのが、自由主義者の関心事となった。こうした公／私分離という二分法そのものは、その後の自由主義においても維持されたが、それぞれの領域の意味するものは二〇世紀にかけて大きく変化することになる。というのも、動物飼育術としての国家理性が公領域の座を占めるようになるにしたがって、それに対抗する私領域も、経済活動を行う個人の自発性という意味に変わったからである。ハンナ・アレントが強調したように、本来の意味での公でも私でもない「社会的なるもの」が全体を覆った時、公／私分離とは、経済運営の主導権を国家が握るのか個人が握るのかをめぐる対立以上のものではなくなる。二〇世紀における代表的な自由主義者の一人であるハイエクが主張したところでは、国家に指図を受けず、個人が自らの知識にもとづいて経済活動を行える時、彼は自由なのである。こうした考え方は、経済の国家管理によって産業化を進めようとする、いわゆる社会主義国家の教説とするどく対立しているように見えるし、実際、二〇世紀の後半における政治的な言説は、両者の間の「冷戦」によって支配されてきた。しかし、対立する両者は、実はいくつかの前提を共有していたことに注意する必要がある。その最大のものは、政治の課題は何よりもまず国民経済の状態を良くすることに、すなわち先にふれた動物飼育術にあるという前提であった。これに対し、「政治的なるもの」を重視する人々は、政治を経済的な配慮、すなわち「社会問題」から解放し、純粋に「政治的なるもの」の領域にする必要(「政治哲学の復興」)を説くことになる。彼らの主張の背景にあるのは、国家が現に動物飼育術のために全体化の戦略を進めている時に、社会主義の名の下にそれを擁護するのは論外として、個人の経済的な自発性を強調しても解決策にはなりえない、という認識であったろう。生物としての人間の活力や増殖を最重要課題とすること自体が問題であって、それが国家主導であれ個人主導であれ、良からぬ帰結に変わりはないということである。

これに関連して、そもそも個人主義的自由主義がより所とする「個人」とは何者なのか。法的な思考法によれば、個人とは国家に先立って契約の主体として存在するものであり、国家成立後にも主権者として国家の意思決定に関与する。しかし、仮にそのような法的主体としての個人を考えるとしても、それが経済的な主体と一致するとする根拠はあるだろうか。逆に経済的な観点からすれば、市場が成立している以上、経済的な主体としての個人がいる。しかし、そうした経済的な主体が仮にいるからといって、それが社会契約の担い手としての市民としても機能する保証はあるのか。個人主義的自由主義者は、つねにこうした個人の多義性をめぐる問題に悩まされてきた。というのも、市場は容易に国境を越えるが、法は定義上、国境を越えないという大きな違いがあるからである。経済的な主体としての個人にとっては、国家は自らの利益追求に便利な限りにおいて必要なものにすぎず、国家が利益追求の障害となった時には、国家に対抗することも辞さない。このように、経済的な自由主義は本来的に国家についてノミナリスティックな考え方をするものであり、二〇世紀の第四四半期における新・自由主義の流れは、そうした態度が前面に出たものとも考えられる。これに対して法的な主体は、国家という枠組みの中で権利を有し、国家という枠組みを維持することを自らの課題としている。言論の自由を前提としつつ政治参加を推し進めることが、個人主義的自由主義陣営内で法的な志向を持つ者にとっては重要とされるのである。したがって両者の間には、国家に対する態度の点で大きな差があり、これが対立点となる。産業化が進んで消費社会が生まれ、人々の関心が消費生活などの「私的」な事柄に集中するようになると共に、政治参加などの「公的」な活動への関心が失われるという、二〇世紀の政治理論においてしばしば示されてきた構図は、こうした経済的な主体と法的な主体との分裂を描いたものとも言える。

しかしながら、個人主義的自由主義が、経済的なそれであれ法的なそれであれ、全体性への圧力に対する対抗戦略として限界を持つこともまた明らかである。まず法的な主体は、「国民化」の結果として生まれてくるものであり、しかも国家の意思決定の主体として機能することによって、国家という枠組みを再生産し続けるものでもある。人民主権論という前提の上での個人主義とは、主権を分有すること以上でも以下でもない。そのため、自らの群れを他の群れからいかに守り生活を保障するかという動物飼育術的な争点が登場した時には、個人主義は国家理性に対抗することはできないのである。一方、経済的な個人主義は、国家を相対化する視点をもたらすが、それは国家という政治的な枠組みをいわばバイパスする考え方であって、積極的に国家に代わる枠組みを構想するものではない。したがって、市場が暴走しないように一定の規制をすることが市場にとってもむしろ有益であるなら、そうした規制のための機関として国家に積極的な意義を見出し続けるかもしれない。

このような個人主義的な自由主義に比べると、結社形成的な自由主義は、国家を相対化する点で、はるかに見込みがあるように見えた。多元的な結社によって国家による専制を抑制するという戦略は、すでにトクヴィルが誰よりも明確に論じたことであった。丸山眞男の「個人析出のさまざまなパターン」という短文は、「近代化」の過程で、伝統的・共同体的な紐帯から「解放」されることを「個人析出(individuation)」と呼んだ上で、その際の個人のあり方が地域や時期によっていかに多様かを描いたものである。[4]そこで丸山は、国家に動員され易い個人かどうかを横軸、結社形成的であるかどうかを縦軸に置いて、四つの象限を考え、そのどの象限が個人の内面で強まるかによって、政治的な態度が大きく異なるものになると述べた。丸山の論点はいろいろあるが、そこで彼が最も強調したのは、日本では英米等に比べて結社形成的な傾向が弱いことであった。国家からの遠心力が強い場合でも、日本では結社を自分たちでつくって「自立化」する方向に向かわず、単に生活の私領域に引きこもる「私化」となってしまうため、無力であると言うのである。

こうした議論に典型的に表れているように、結社形成的な個人をつくるという作業には一つの困難がつきまとう。個人主義が集団というものに対してノミナリスティックな見方をするのに対し、結社形成的な議論をするためには、結社が個人とは異なる特別の地位を占めるという、多かれ少なかれ法人実在論的な考え方をしなければならない。個人という単位と国家という単位との間に、中間的な、しかしそれなりに確固とした「中間団体」が存在すると考えるのが、結社形成的な自由主義の根幹だからである。ところで、「近代化」以前の社会にも、ある種の中間団体のようなものはもちろん存在したが、丸山らは、そうした伝統的・共同体的な紐帯は、現代における結社形成の障害にこそなれ役立つことはないと考える。まるで自然に存在する神秘的な秩序のように受け取られがちの伝統的な紐帯を破壊し、一旦バラバラの個人にした上で、その個人が自発的に結社を形成するように促す以外にないとする。こうした考え方をすることには、理由がある。個人に先立って団体が存在するという考え方を一旦清算し、人為としての団体という考え方に置き換えなければ、個人に先立って国家が存在するという国家主義にからめ取られかねない。そこでは、中間団体は個人が国家に対抗するためのより所とはならず、逆に国家が個人を動員するためのチャンネルとなってしまうだろう。

実際、二〇世紀前半の世界は、そうした懸念を抱くに十分なだけの例を提供していた。イギリスのように、伝統的な紐帯をかなりの程度利用しながら、その内実を転換しつつ、結社形成的な自由主義のモデルを提供した場合もあり、ラスキら政治的多元主義者たちは、労働組合などの結社を、議会と同様に民意を代表する機構として利用し、それによって人民主権の暴走を相対化しようとした。しかしながら、他の多くの場所では、労働組合や職能団体などの結社が、国家による国民動員の装置として利用されることになったのである。このことは、二〇世紀後半の結社形成的な自由主義に、暗い影を投げかけた。議会政治を補完するものとして労働組合等の役割に期待するコーポラティズム論などが試みられるたびに、それがいかにして国民動員的な「悪い」コーポラティズムとならず、「良い」コーポラティズムたりうるのか、説明を求められることになったのである。このような背景を見れば、結社形成型自由主義が、旧来の紐帯に警戒を示すのも当然であるが、一方で人間関係をこわしながら、他方で別の人間関係をつくり上げるという作業を同時に行うのは、いわば家を解体しながら家を建てるような困難を伴うであろう。既存の中間団体をこわすためには、個人という単位を強調するノミナリスティックな考え方を一旦広めなければならないであろうが、その結果として、経済的な個人主義の傾向が強まり、結社をつくることそのものへの意欲が失われかねないからである。そのため、古い紐帯はこわれたが、新しい紐帯はなかなか根づかず、私化してバラバラになってしまうということも十分ありえた。

二〇世紀後半には、利益集団自由主義という考え方も現れたが、これは、右のような私化による結社の衰弱という問題を、私化にもとづく結社の可能性を追求する方向で解決しようとしたものであった。それによると、アメリカ合州国のような所では、複数の利益集団相互の競争や交渉の中で、稀少資源の配分についての政治的な意思決定が行われているのである。利益集団自由主義は、私化した個人でも利益を同じくする人々とは結社をつくるという点に注目し、そうしたもっぱら経済的な関心にもとづく結社に、自由主義の新たなより所を求める考え方であったと見ることもできる。国家と市場を対比するのでなく、国家そのものが市場的なプロセスに依存しているのだとする点で、利益集団自由主義は国家からその神秘性を奪うことができる。しかし、それは公領域を私領域の延長上にとらえ、政治を動物飼育術に全面的に還元することと引き換えであった。

このように自由主義が市場的な論理によって席捲されたことへの一つの対応が、七〇年代以降に、ジョン・ロールズに代表されるような、法的な思考法の復興の試みとなって現れてくる。人々が自らの打算にもとづいてある種の契約を結ぶという、社会契約論的な理論構成が改めて導入されるのであるが、そこで特徴的なのは、人が自分の才能や文化的背景など、アイデンティティにかかわる一切の情報を持たないものと想定されていることである(「無知のヴェール」)。その結果として、人は自分が社会的に最も弱い立場であったらどうするかという仮定の下に、自己利益を図るからこそ、個人の所有権等について一定の制限を認めるような契約に同意するとされるのである。こうした考え方は、法的な言説を経済的な言説とたくみに折り合わせるものであるため、政治理論の新たな可能性を開くものと受けとめられた。しかしそれが、個人主義的自由主義にとって最も重要な点、すなわち個人が主体として国家に先行するという点を犠牲に供することで初めて可能になったことも見逃せない。自らの個人情報を意識しない個人とは、はたして個人の名に値するものであろうか。さらに、この契約が前提としている「群れ」は一体どのようにして画定されたのか。結局それは、事実上群れとして囲い込まれたものの内部での議論にすぎず、国家理性の全体性を批判するものとはならないのではないか、という疑いがつきまとう。

第四四半期におけるもう一つの支配的な論調であった共同体論(Communitarianism)は、ロールズらの議論に内在するこうした問題点への一つの応答であった。共同体論者らによれば、ロールズ的自由主義において、個人がすでに共同性を内面化しているのは、むしろ当然である。およそ個人というものは、ある社会の中に生まれてきて、そこで一定の文化的伝統を注入されなければ主体となることはできないからである。彼らから見れば、自由主義者が特定の国家を想定しながら議論しているとしても、それ自体は何ら差し支えなく、むしろ自由主義者が明示的に、群れが閉じていると言わないことこそが問題なのである。共同体論の背景にあるのは、自由主義が重視してきたようなさまざまの自由が、真空中に生息することはできず、強制力を有する国家の中にのみ咲くものであるという認識である。国民化によって主体とならなければ、国家を相対化することもできないというテーゼは、自由主義がつねに、少なくとも潜在的に保持してきたものであるが、それを最も「確信犯的」に前面に出したのが共同体論であったとも言えよう。しかるに、全体性と多元性を折り合わせようとする、こうしたリベラル・デモクラシーの試みに対しては、二〇世紀末に至って、深刻な異議申し立てがつきつけられることになる。それについて、次に見よう。

3 開放性

国民という単位を特権化する考え方に対し、自由主義は何らかの集団ないし個人という単位の意義を強調することで、その相対化を試みてきた。閉ざされた群れの運命に専心し、群れの全体性を追求する国民的な政治が暴走する可能性に対し、政治に多元性を導入することで、自由主義が一定の歯止めをかけてきたことは疑いない。しかしながら、自由主義は同時に、さまざまな限界を有する。

まず、すでに論じたように、自由主義は経済的なものによる政治的なものの植民地化を一層推し進めこそすれ、それを止めることはできない。国家理性論に対する自由主義的な批判は、群れの「安全(security)」を目的とすること自体に向けられるものではない。安全はそれぞれの団体や個人が配慮すべきものであって、国家に委ねられるものではない、というのが彼らの論点である。こうして自由主義者たちは、安全という目的を実現する上での国家の役割を限定する。国家が市場を指導する体制と、市場が国家を指導する体制とが本質的に異なると信じられるかぎりにおいては、経済的な自由主義が獲得したものは大きい。しかし、われわれは国家の全体性を制約するために、市場の全体性を甘受しなければならないのであろうか。今日、経済のグローバル化の名の下に、利潤極大化を図る個人や多国籍企業の行動は正当化され、企業内は法さえも施行されない一種の聖域となってしまった。それもこれも、自由主義が、国家と等置されがちの公領域から私領域を守ろうとするあまり、個人や企業という主体についての批判を許さない防衛的な態度をとり続けてきたからにほかならない。国家という強敵と戦うためには、殻を厚くしなければならないというわけである。憎み合う者たちが互いに似てくるように、こうして自由主義は国家理性論と同様にドグマ化されたものとなってしまう可能性がある。

次に、国家に対抗する自立した主体をつくる必要性を意識するために、自由主義者は学校をはじめとする規律化装置について一般に無批判であり続けてきた。フーコーらが指摘したように、近代になって普及した学校などの現場では、子どもたちに一定の身体的なふるまい方を植え付けるために、一種の権力がはたらいている。すでに述べた通り、こうした権力は多義的であり、必ずしも特定の階級や国家それ自体の陰謀に帰せられるべきものではない。国民として囲い込まれた人々は、自らの生活と安全を守るという動機から教育を積極的に受け入れてきた側面もあるし、さらに、教育の結果として、国民化そのものに対抗する能力を付与されることになったからである。自由主義者たちは、この後者の側面にとりわけ注目しつつ学校を重視するが、そのために、学校内ではたらいている主体形成的な権力のもたらす弊害について、十分に認識することができないのである。たしかに学校は、集団生活に順応する人間をつくり出す点で機能的であり、そのかぎりでは、結社形成的な主体性をもたらす上でも一定の役割を果たしうる。しかし、学校は同時に、規格にはずれた人間に烙印(スティグマ)を押し、標準的な文化の習得度に従って人間を選別する機関でもある。

同様の事情は、家庭との関係についても見られる。家庭は他の団体と共に、国家に対抗する自由主義のより所の一つと位置づけられ、とりわけ良き主体を育むための場とされてきた。そのため、自由主義者たちは家庭という私領域を国家からいかに守るかに関心を寄せ、家庭内で男と女の間に、あるいは親と子の間にはたらいている権力関係については、無視するか、せいぜい二義的なものとしてしか扱ってこなかった。このような傾向は、公的な政治共同体(ポリス)と私的な家共同体(オイコス)とを区別し、前者が平等な個人の間の自由な関係の空間であるのに対し、後者は本来的に不平等性をはらんだ非自由の領域であるとした、古代ギリシア以来の二分法を引き継ぐものと言える。自由主義者たちは、公的(とされる)場での抑圧や差別に敏感である一方で、家庭内における性別役割分担や子どもに対する暴力を伴う規律については、それを政治的な問題ととらえることを躊躇してきたのである。性別役割分担の押し付けに異議を申し立て、「私的なことは政治的である」と宣言したフェミニストたちに対して、自由主義の内部から、そうした議論は公私の区別を不可能にし、国家による私領域への介入を招くものであるという反論がなされたことは、こうした事情を象徴している(5)。

このような自由主義の抱える問題点は、とりわけ八〇年代以来、広く指摘されるようになった。さまざまな文脈における「市民社会」再興の動きもまた、このような自由主義への反省をある程度ふまえるものであったと言えるかもしれない。そこでは、国家に対抗するという自由主義のスタンスを継承しながら、しかも自由主義的な主体の硬直性を越えようとする試みがなされてきたのである。もともと市民社会は、一八世紀のスコットランド啓蒙思想以来、行政の領域としての国家から自立した経済の領域としてまず定義され、マルクスの市民社会論においても、「ブルジョワ社会」としての色彩は濃厚であった。しかし今日では、市民社会とは国家でも市場でもない第三の領域として、何よりもまずイメージされている。そこで想定される団体も、企業や利益団体などの経済的な団体よりも、むしろ環境保護団体やさまざまなマイノリティ団体など、一義的には経済的と言えないような団体が大きな比重を占めており、この点で最近の市民社会論は、自由主義を経済主義的な偏向から脱却させる側面を持つと言えよう。

しかしながら、もしも市民社会の再興が、単に結社形成的な政治を経済的な配慮から切り離すだけに終わるなら、その先に開ける空間は、手放しで歓迎できるようなものとはならないだろう。というのは、経済的な利害に代わって、新たな別の動機づけによって結社が形成される場合に、さまざまな閉ざされたアイデンティティが噴出してくる可能性があるからである。これまで、国家対自由主義という枠組みの中で顧みられなかったマイノリティが、自らの存在を主張することはきわめて重要である。それは、故意ないし過失によって無視されてきた権力関係を明るみに出し、リベラル・デモクラシーの見せかけの安定の下で抑圧されてきた人々の声を伝えることになるであろう。それによって彼らは、国民について想定された同質性が幻想にすぎず、国民化が「多数者の専制」を生みがちであることを明らかにするだろう。国民国家の内部にさまざまの文化的なマイノリティが存在することを強調する「多文化主義(マルチカルチュラリズム)」は、国民の全体性を相対化する上で重要である。しかし、他方でそうしたマイノリティのアイデンティティが、生物学的な等質性や文化的な同質性にもとづいて過度に厳密に定義される場合には、国民という単位におけるのと同様に、内部を全体化する圧力が、マイノリティの内部ではたらくことになる。ある種のアイデンティティが自然なものと想定されてしまうと、集団の内部に実は存在するさまざまな差異は不自然なものとされ、不純物として除去されることになるのである。そうした閉鎖的なアイデンティティが無数に出現する世界は、国民国家の特権性を相対化する意義を持ちうるとしても、国民国家が依拠していた政治のあり方を変えることには必ずしもならない。群れの境界を自明とする点で、それは、これまでの政治のあり方を引き継ぐことになるからである。国民というアイデンティティを武装解除するためにマイノリティ集団のアイデンティティを強調する戦略は、個人や結社の主体性を強調する自由主義の場合と同様、抵抗の過程で自らが硬直化する危険性を帯びている。(6)

自由主義の限界を知り、しかも「アイデンティティの政治」の両義性を意識せざるを得ない今、われわれにどのような選択肢が残されているのだろうか。一つの選択肢はおそらく、国民という単位に還ることである。実際、そのような選択肢が改めて前面に出てくる気配はそこここに感じられる。国民という単位が恣意的なことはわかったが、それ以外のどのような単位も恣意的ではないか。同じ恣意的なら、慣れ親しんだ単位を選んでどこが悪いのか、というわけである。こうした主張の背後には、さまざまな動機が見てとれる。まず、グローバル化した市場の中で自らの「安全」がどうなるかという不安が高まるにつれ、とりあえず群れを囲い込みたいという欲求が強まりつつあるという事情があろう。市場には潜在的に境界がないからこそ、国民経済という形で動物飼育術の範囲を限定し、その内部の群れの運命に専念したいという発想が出てきうるのである。そして、ある国民の中で多数派の位置を占められると思う人々からすれば、そうした単位を維持し強化するための国民化に伴うコストは、おおむねマイノリティらによって支払われるものであり、自分たちが支払わなければならないものではないので、国民という単位を立てることは自らにとって有利であるという打算も成り立つ。こうしたいわば利己的な動機以外にも、「公共性」の再建を図る立場から、国民という単位を安定させる必要性が論じられることもある。人はある単位への帰属意識を持って初めて、責任や義務の意識を持つことができるのであり、そうした帰属意識の対象として、国民という単位は、最適である保証はないにしても不適ではないという議論である。

しかし、国民という単位の特権化という選択肢は、二〇世紀における国民化権力の歴史を知るわれわれにとって、そして長期にわたる国民化を経てなおその内部に残る多様性や、さまざまなマイノリティ集団の自己主張を知るわれわれにとって、もはや無邪気に採用できるものではないであろう。それでは、国民という単位に還る以外に、かといって、単に自由主義や「アイデンティティの政治」を推し進めるのでもなく、われわれの採りうる道筋というものはあるのだろうか。それは全くさだかではない。しかし、さしあたり示しておきたいのは、ある単位を相対化するため別の単位を対置するという従来の戦略自体が問題にされなければならないのではないか、という点である。なぜなら、そのような戦略を採用すれば、どの単位を特権化するかをめぐるゲームに巻き込まれてしまうからである。特権的なのは国民なのか、結社なのか、エスニック集団なのか、ジェンダーなのか、階級なのか、それとも、それ以外の何かなのかというゲームに。そして、われわれは「群れ」の呪縛から逃れることはできなくなる。

二〇世紀において最も物議をかもした政治理論家の一人であるカール・シュミットは、『政治的なものの概念』で、政治的であることは必ずしも国家的であることを意味するものではない、とまず述べている(7)。実際には多くの場合に、政治概念が国家概念と結びついているにしても、両者の間には必然的なつながりはないとするのである。シュミットは政治的なるものをむしろ、友と敵の分離に、すなわち「群れ」の画定に求める。いかなる理由にせよ、特定の単位が囲い込まれ、その単位の外部が生じた時に、政治は発生すると彼は考えた。そして、ある単位と別の単位との間の関係は、必ずしも軍事的な衝突である必要はなく、相互に相容れないものであり、対立的でありさえすれば足りると言う。もっとも、シュミット自身の議論は、主権論などの法的な議論を引きつつ、国家こそが純粋に政治的な単位であるという方向に向かう。単位として確立しているためには、内部の決定が一元的でなければならない。国家の全体性を多元性によって妨げる諸団体は許されない。このように自由主義を論難する彼の論点と、二〇世紀前半の政治状況とを考え合わせれば、シュミットの主張が、結局は国民という単位を絶対化し、国民国家間の対立を正当化する論理に終わったのは明らかである。しかし、ある単位を特別のものとして選んだ時に政治が生まれるという考え方は、その単位がたまたま国民である時だけに、危険なものとなるのだろうか。自由主義者たちならそう考えるであろう。

国民国家という二〇世紀のリヴァイアサンを、政治的な単位として支えたことこそがシュミットの罪なのであり、個人やさまざまな結社など、国民以外の単位を特権化することは、差し支えないどころか必要なことであると彼らは主張する。フェミニズムを活性化するため、シュミットの政治観を導入しようとする論者があらわれたことに象徴されるように、「アイデンティティの政治」を進める立場からも、脱国民化されたシュミットなら問題ないと映るようである。(8)

しかし、そのようなとらえ方には疑問がある。シュミットが問題なのは、彼が国民という単位に無批判であった点に尽きるものではない。われわれが政治について考え始める時に、当然にある特定の単位を前提とせざるをえないとし、しかもそれで良いのだとするような彼の考え方自体が問題にされなければならない。なぜなら、いかなる単位も歴史的な存在という意味で偶然であり、何らかの権力作用の所産という点で人為的なものにすぎないからである。人が政治について考える際に、自然な前提として良いようなのにすぎないからである。人が政治について考える際に、自然な前提として良いような単位は何もない。国民だけが人為的なのではなく、結社も、グローバルな単位も、さらに言えば「個人」もまた主体化の所産として人為的である。そのような単位の一つを議論の前提という形で導入し、そうした単位が外部に対してもたらしうる暴力を意識しないような政治理論のあり方が問題なのであり、したがって、この問題はシュミットひとりのものと言うよりは、多かれ少なかれこれまでの政治理論に共有されたものである。

もちろん、われわれは政治について考える中で、何らかの単位に言及することは避けられないし、結果的にある単位に深く関与することになる場合もあるであろう。しかし、それは、どのような単位を選べばどのような帰結になるかを、可能なかぎりノミナリスティックな立場から検討した上で判断されるべきであるし、一旦ある単位を選んだ後にも、そのことの実践的な意味を絶えず問い続ける必要がある。政治理論が今直面している課題は、国家からの「解放」ではなく、われわれの想像力を縛る一切の境界の「開放」である。

（1）　吉沢伝三郎訳『ニーチェ全集』第九巻、ちくま学芸文庫、一九九三年、一一一頁。
（2）　Michel Foucault, "'Omnes et singulatim': Towards a Criticism of Political Reason", in *The Tanner Lectures on Human Values*, Salt Lake City: University of Utah Press, 1981, pp. 223-254: *Dits et écrits 1954-1988*, IV, Gallimard, 1994, pp. 134-161: 北山晴一訳『フーコーの〈全体的なものと個的なもの〉』三交社、一九九三年。
（3）　Michel Foucault, *Surveiller et punir: Naissance de la Prison*, Gallimard, 1975: 田村俶訳『監獄の誕生――監視と処罰』新潮社、一九七七年。
（4）　丸山眞男「個人析出のさまざまなパターン――近代日本をケースとして」『丸山眞男集』第九巻、岩波書店、一九九六年（初出一九六八年）、三七七―四二四頁。
（5）　Jean Bethke Elshtain, *Democracy on Trial*, House of Anansi Press, 1993: 河合秀和訳

『裁かれる民主主義』岩波書店、一九九七年。
(6) 拙著『権力論』岩波現代文庫、二〇一五年、第Ⅱ部第五章「アイデンティティと政治」、および本書第五章「寛容と差異――政治的アイデンティティをめぐって」を参照されたい。
(7) Carl Schmitt, *Der Begriff des Politischen*, Duncker & Humblot, 1932: 田中浩・原田武雄訳『政治的なものの概念』未來社、一九七〇年。
(8) Chantal Mouffe, *The Return of the Political*, Verso, 1993: 千葉眞・土井美徳・田中智彦・山田竜作訳『政治的なるものの再興』日本経済評論社、一九九八年。

第四章　法と暴力

——境界画定／非正規性をめぐって——

カール・シュミットは一九二〇年代の政治的危機のなかで、法秩序が政治に翻弄されるのを見ながら、それにもかかわらず、いやむしろそれゆえに法的文脈に固執し、秩序の内と外とを画定する特異な作用点を維持しようとした。同じ時期にヴァルター・ベンヤミンは、暴力と結びついた法そのものの批判に向かい、法の外に出るための回路を希求した。

二人は何をめぐって争ったのか。ジョルジョ・アガンベンらの議論を手がかりに、シュミットとベンヤミンとの間の議論の「交錯」を明らかにしたい。さらに、秩序と暴力の関係について考え続け、暴力と切り離されたところに政治的なものの領域を見出そうとしたもう一人の思想家、ハンナ・アレントをも呼び出すことで、三人のおよそ対照的に見える人々が、別々の方角から接近した地点について探ってみたい。

1　ベンヤミンと法

法という暴力

ベンヤミンは彼の暴力(Gewalt)論(「暴力批判論」)を説き起こすにあたって、暴力とは手段なので暴力が正しいか正しくないかは目的に照らして判定できるという「皮相な考えかた」(1)を攻撃する。後で見るように、これは暴力と見なされうるすべてが一律に拒否されるべきだということを意味しない。

ベンヤミンが目的との関係で暴力を論じないのは、法秩序が正義のためにあるという信憑を、根底から批判しようとしているからである。法や国家は、人々にとって有益な何らかの目的を実現するものとして正当化されるのが通例である。これに対して、「幼稚なアナーキズム」のように、法は強制だと主張しても論駁したことにはならない(2)。

しかし、法が自ら標榜する目的など重視していないことは、ベンヤミンによれば、法のふるまい方の中に露呈している。もしも法が目的の実現を目指しているのなら、法は「暴力全般をではなくて、違法の目的のために用いられる暴力だけを、非難すれば済むだろう」(3)。ところが実際には、目的の如何にかかわらず、「法は個人の手にある暴力を、法秩序をくつがえしかねない危険と見なしている」。そこに見てとれるのは、「法の目的をまもろうとする意図」(4)ではなく、「むしろ、法そのものをまもろうとする意図」である。

法が「法の枠外に存在する」暴力を嫌うのは、暴力によって秩序が根底から覆されうるからである。戦争などの結果として全く新しい国家が誕生し、新たな法秩序が生まれるのはその例である。ベンヤミンはここで、法秩序をつくり出す際に用いられる「法措定的暴力」と、一旦できた法秩序を守るために警察などによって行使される「法維持的暴力」という二つの類型に言及している。

このように秩序の形成・維持にかかわる暴力に注目することで、法と暴力との関係が浮き彫りにされたと言えよう。法は暴力の中で倒れるが、暴力の中から別の法が生まれてくる。そうであるとすれば、個別の法秩序がいかに暴力をおそれ、忌避しようとも、法が存続するかぎり、法が暴力と密接な関係にあることは否定できない。

神話的なものと神的なもの

ベンヤミンは、法措定的暴力をギリシア神話における「境界画定」の暴力に結びつけた。「運命を挑発する」不遜なニオベに対して神々が暴力を行使する。そこでは「運命は是が非でも勝ち、勝って初めてひとつの法を出現させる」。「不確定で曖昧な運命の領域から」暴力がニオベへとふりかかり、彼女を「人間と神々とのあいだの境界標として、あとに残してゆくのだ」。こうした神話の構造と、法措定の構造とは対応している、とベンヤミンは主張するのである。

神話的な暴力は、その原型的な形態においては、神々のたんなる宣言である。その

目的の手段でもなく、その意志の表明でもほとんどなくて、まず第一に、その存在の宣言である。(5)

ここでギリシアの神々の暴力は、「人間と神々とのあいだの」境界線を画定することで、秩序を形成・維持することを自己目的とするものとされている。これが、法的暴力の自己目的性に対応しているというのである。

他方で、ベンヤミンが目的としての正義と関係づけるのは「神」であり、法的暴力を乗り越えるための「神的暴力」なるものについて彼は述べる。

いっさいの領域で神話に神が対立するように、神話的な暴力には神的な暴力が対立する。しかもあらゆる点で対立する。神話的暴力が法を措定すれば、神的暴力は法を破壊する。(6)

この神話的なものと神的なものとの対比が、ギリシア的なものとユダヤ・キリスト教的なものの相克という、広く受け入れられた二分法と関係していることは確実であろう。神話的暴力についてのニオベ伝説に対応して、神的暴力に関しては旧約の「コラーの徒党にたいする神の裁き」(『民数記』一六章)が参照される。ベンヤミンは、モーセのリーダーシップに挑戦した人物とその一党が、残らず地割れに呑み込まれたという説話について、そこにあらわれた神の暴力を「無血的」と表現している。神話的暴力には「血の匂いが」するが、神的暴力には「血の匂いがなく、しかも致命的である」。

「かれらを滅ぼしつくすまで停止しない」とされる神的暴力は、人間の身体を破壊するにもかかわらず、無血的とされるのである。それなら「殺してもいいのか？」という予想される問いに対して、彼は、動物や植物と同様に単に生息していることを絶対化するのは、「生命ノトウトサ」[7]というドグマにすぎないと言う。しかも「このドグマの日づけは新しい」のであって、「単なる生」以上のものとしての正義の存在が完全に見失われた後に出現したものにすぎないのである。

ここに、例えばハンナ・アレントが「ゾーエー(ζωη)」と「ビオス(βιος)」の対比を強調した時に通じる関心が見てとれる。ギリシア人たちは、単なる生物的な生としてのゾーエーと、ポリスにおける生活としてのビオスとを峻別し、後者を重視した。こうした区分がその後、両者の領域に渉るあいまいな「社会」概念の成立と共に忘れられ、ビオスにかかわる公共的な政治の領域が、本来私的な領域にとどまるはずのゾーエーへの配慮によって侵蝕され続けたとアレントは指摘した。

ベンヤミンによれば、私人間の「話し合い」は、「嘘が罰せられない」のと同じく非暴力的なものであるが、そこに法が介入して、詐欺を処罰することになった時点で、関係は暴力的になるという。(8) 彼は死刑制度との関連では、次のように述べる。

死刑批判者たちは、死刑への論難が刑罰の量や個々の法規をではなく、法そのものを根源から攻撃するものだということを、(9) おそらく証明はできずに、どころか、たぶん感じる気さえもなしに、感じていた。

死刑は法の暴力性が最も鮮明な形で現われる刑罰だが、それは死刑だけが暴力的であるということを意味しない。現代に至るまで、死刑廃止論者たちは、死刑の残虐さを言い、宗教的・倫理的な指導によって死刑囚が改心しうることを強調して来たが、そうした論点を推し進めて行けば、監禁などを含む暴力的な強制によって人を動かそうとすることへの、すなわち法自体への批判にまで行き着くであろう。

裏返せば、法の暴力性を批判するベンヤミンのような議論の背後には、暴力による威嚇や、暴力による身体の廃棄というやり方をしなくても、いや、むしろしないことによってこそ、人々は本来の形で秩序を形成することができる、という前提があるように思われる。秩序維持を標榜する法的暴力が荒れ狂い、社会が引き裂かれる、という同時代の経験が、ベンヤミンの議論に影を落としていることは想像される。

ベンヤミンは、法的暴力への批判にあたり、一斉ストライキ(ゼネスト)による革命という「神話」の役割を強調したジョルジュ・ソレルを引用しつつ、政権奪取を目指す法措定的な「政治的ゼネスト」と、「国家暴力の絶滅」すなわち法の否定をもたらす「プロレタリア・ゼネスト」とを対置した。(10) ソレルは、「強制力(force)」と「暴力(violence)」とを区別し、前者が「少数派によって統治される、ある社会秩序の組織を強制することを目的とする」のに対し、後者は「この秩序の破壊をめざすものだ」(12)とした。ベンヤミンにおいては、前述の通り法的暴力と神的暴力とが対比され、神的暴力は「純粋暴力(reine Gewalt)」(13)とも呼ばれる。

この神的暴力＝純粋暴力なるものが何を指しているのか、さまざまな解釈が可能であろう。一般にはソレル主義の延長でとらえられることが多いが、市野川容孝はこれを批判し、神話という言葉に肯定的に言及していたソレルと、神話的なものを批判したベンヤミンとが同じではありえないという点に注意を促す。(14) 彼によれば、ローザ・ルクセンブルクと同様に、ソレル主義的な革命ではなく、ワイマール共和国において衰弱した議会制民主主義を「救出」するという文脈で、ベンヤミンは神的暴力を考えていたのである。(15)

たしかに、ベンヤミンが神話的なものを批判したことは真剣に受け止めなければならないだろう。しかし、それは神的なものとの対比という文脈であり、彼が解放の物語としての神話そのものと無縁であったかは別の問題である。彼は純粋暴力について、それは「互いに依拠しあっている法と暴力を、つまり究極的には国家暴力を廃止する」ものであるとし、それは「法のかなたに」存在するものであるとも述べている。[16] ここには、暴力の領域と非暴力の領域とを明確に分けたいという、不連続性への意志が存在している。このことを見失ってはならないだろう。ベンヤミンにとっては、法の外部が存在することは絶対に譲れない一線であった。

2　ベンヤミンとシュミット

こうしてベンヤミンが開こうとした純粋暴力への回路を見て、その封印に努めたのがカール・シュミットであった。一九二〇年代初めにシュミットが書いた「独裁」「例外状態」「主権」をめぐる一連の著作は、法のかなたを指し示すベンヤミンの議論を打ち砕き、アノミー的な暴力を「法的コンテクストのうちに引き戻す」試みであると、ジョルジョ・アガンベンは言う。[17]

独裁と主権

シュミットは、国家の緊急事態に際して、「憲法を具体的に停止することによって、憲法の存立を防衛しようとする」こと、すなわち現行憲法の枠内で期限付きで行われるものとしての「委任独裁」と、現行憲法の枠を超えて、新たな秩序の成立に向かう独裁としての「主権独裁」という二分法を示したことで知られる。[18] 制度内での「構成された権力(pouvoir constitué)」と区別される、「構成する権力＝憲法制定権力(pouvoir constituant)」にかかわる後者が、ベンヤミンのいわゆる法措定的暴力に近いことは一見して明らかであろう。

ただし、構成する権力／構成された権力というシュミットの二分法と、ベンヤミンの法措定的暴力／法維持的暴力という二分法とでは、法との関係で価値評価が全く逆であることは、注意を要する。シュミットにとっては、構成する権力は法の根拠として重視されるが、ベンヤミンにとっては、法措定的暴力が法を生み出すことこそが、まさに致命的な問題点とされるのである。

しかも、アガンベンによれば、二人の間の「論争」はそこで終わらなかった。[19] シュミットが独裁論から離れ、代わって主権概念を軸とするようになったのは、「ベンヤミンの暴力批判への反論」としてであった。[20]

ベンヤミンが上記の二分法的な構図を超越するために純粋暴力を想定したのに対して、

シュミットの議論では、主権こそが彼の二分法を超越するものとなる。ここでも、純粋暴力と主権との位相は同じであるが、両者の指し示すものは全く対照的である。ベンヤミンにおいて、純粋暴力が機能する領域が「被造物の領域と法秩序とが同じひとつの破滅のなかに巻き込まれるような、アノミーとも法とも絶対的に決定しがたいひとつの地帯」であるとすれば、シュミットの主権は例外状態において、「内部と外部、アノミーと法的コンテクスト」とを明確に区分することが期待されているからである。(21)

主権者を「例外状態に関して決定をくだす者」と定義するシュミットは、国家の緊急事態が生じた場合、主権者がその事態を「法秩序にきっちりと繋留(22)」しながら、何とか処理するものとした。そこでは主権の領域は何事をも決定できる「極限的な決定の場(23)」とされ、これは「いっさいの法的問題の最終的な決定の不可能性」というベンヤミンの議論に対する正面からの反駁となりうる。二人のテキスト間の影響関係に関するアガンベンの分析が十分であるかとは別に、ここにきわめて先鋭な対立軸があらわれていることには疑いがない。

例外状態における主権者の位置について、シュミットは、次のように述べた。

主権者は、通常の状態において効力を発揮している法秩序の外にあるが、しかしまた、憲法が全体として停止されうるかいなかの決定に責任を負っているために、その秩序に属しているのである。[24]

法と現実との間に矛盾が生じた時に、主権者が登場して、法の停止による法の維持という離れ業を行う。しかし、こうした主権者の役割は、まさに法の構造によってそう規定されているのではないか。

本当を言えば、論理的にみて、自らの存在においてこの構造によって定義されているからこそ、主権者自身もまた、脱却－所属(ecstasy-belonging)という撞着語法によって定義されうるのである。[25]

主権者とホモ・サケル

興味深いことに、アガンベンが別の著書で指摘しているように、こうした主権者の位置づけは、古代ローマでの「ホモ・サケル」の位置づけと、その位相が類似している。ホモ・サケルとは、生贄とはならないが、殺害可とされた人物である。[26]彼は法の保護の対象外とされるが、その排除自体は法によって決定されている。その意味で彼は法によって法から排除されつつ、法によってとらえられている。

こうしたホモ・サケルの姿が、ナチスによって強制収容所に収容されたユダヤ人たちの運命や、いわゆる「テロとの戦争」の中で、アメリカ軍のグアンタナモ基地に収容されている人々(彼らは刑法上の被疑者としての資格も、戦争法上の捕虜としての資格ももたないとされている)の境遇に重ね合わされるのも当然であろう。ホモ・サケルはまさに人間が生物学的な「単なる生」として純化した時の境遇を示している。

しかし、主権者とホモ・サケルとの位置づけの類似性は、正確には何を意味しているのだろうか。シュミットが定義する主権者は、ホモ・サケルと同様の存在なのか。そうではなく、むしろ両者の立場は両極を示しているとアガンベンは言う。

法的秩序の一方の極にある主権者とは、彼に対してはすべての人間が潜勢的にはホモ・サケルであるような者であり、他方の極にあるホモ・サケルは、彼に対してはすべての人間が主権者として振る舞うような者である。(27)

主権者が例外状態に関して決定をくだすのに対し、ホモ・サケルはもっぱらその決定の結果として困難な境遇の中に突き落とされる。こうした対比は、それ自体としては成立している。

しかしながら、主権者も所詮は「自らの存在において」例外状態の「構造によって定義されている」のであるとすれば、主権者とホモ・サケルは、法という罠にかかっているという点では同じではないのか。アガンベンの議論を一歩進めれば、主権者もまた「潜勢的にはホモ・サケル」であると言えるのではないか。

この論点は、人民そのものが主権者であると法的に規定されている、人民主権体制においてとりわけ重大である。そこでは、誰かを境界線の外に追いやる主権者としてふるまう者が、次の瞬間にホモ・サケルとなりうるからである。ミシェル・フーコーが強調したように、人民主権体制の下で、人は「臣下(sujet)」であると同時に「主体(sujet)」であるという二重性を帯びているのである。(28)

例外状態の常態化

シュミット的な例外状態論の起源を探って、アガンベンは、ヨーロッパ法思想における「権威(auctoritas)」と「権限(potestas)」という二元論の歴史にも言及する。古代ローマでは、コンスルや人民がそれぞれの権限を有したのに対し、元老たちは平時においては彼らの決定を覆す何らの権限ももってはいなかった。しかし、元老院は権威をもっており、この権威は例外状態に際して、「権限が生じているところではそれを停止させ、権限がもはや効力をもたなくなってしまったところではそれを復活させる力として作用」(29)した。

権限の体系である法と、法を存立させる「メタ法的」な権威の体系とが支え合う「二重構造[30]」がそこにはあった。権威は通常は潜勢的なものとしてあり、例外的に顕在化することになっていた。ところがこうした二重構造が、シュミット的な主権理論においては主権者の人格において合体させられてしまう。法が機能する常態と、法が宙吊りにされる例外状態とが、主権者という単一の蝶番によってつなげられたこと。ベンヤミンやシュミットが目撃していたワイマール共和国の二〇年代に象徴される、二〇世紀の悲劇の根源を、アガンベンはここに見出すのである。

アガンベンはこうした二重構造の喪失を「例外状態の常態化」と表現するが、それはベンヤミンが「歴史の概念について」で示した以下の認識を継承するものとされる。

被抑圧者の伝統は、ぼくらがそのなかに生きている「非常事態」が、非常ならぬ通常の状態であることを教える。ぼくらはこれに応じた歴史概念を形成せねばならない。このばあい、真の(wirklich)非常事態を招きよせることが、ぼくらの目前の課題となる。[31]

アウシュヴィッツやグアンタナモに限らず、今日において、日常がますます例外状態の様相を帯びつつあると言うことはできるだろう。しかし、そのように日常／例外状態という境界線の存在を否定するためには、非常事態／真の非常事態といった、別の境界線の導入が必要になることに注意すべきである。法と暴力を癒着したものと見なすためには、その癒着した結合体（法＝暴力）と対立する第三の要素（神的暴力＝純粋暴力）が想定されなければならなかったように。こうした境界線の政治にアガンベンがどこまで自覚的なのか、必ずしも明らかではない。彼は言う。

わたしたちがそのなかに生きている事実上の例外状態から法治国家に回帰することは不可能である。(32)

こうして彼は、ベンヤミンのいわゆる「真の非常事態」を待望することになる。すなわち法＝暴力の向こう側に出るための、本来の（「無血的」な）革命とも言うべきものを考えるようになるのである。

この文脈でアガンベンは、ベンヤミンがフランツ・カフカについて論じる中で示した、「もはや実地には用いられず、もっぱら勉学されるだけの法こそは、正義の門である」という言葉にふれる。(33) 暴力と結びついた法秩序が失われた時、法は規範性を失い、人々が単に「勉学」し、それを用いて「戯れ」るような「がらくた」と化す。アガンベンはこうしたベンヤミンの議論と、メシアが到来した後に法がどうなるか、という原始キリスト教的な問いや、階級社会の消滅が法に何をもたらすか、というマルクス主義的な問いとの関係に言及している。

3　正規性と非正規性

パルチザンと法

以上のように再構成されたベンヤミンとシュミットとの「論争」では、法の外に出ようとするベンヤミンに対し、シュミットはあくまでも法的なものへの回収を目指したという対比が強調されている。

しかしながら、ここで思い起こすべきことがある。それは、法の外に出る試みについて具体的に紹介し、正規(regulär)／非正規(irregulär)といった境界線が失われた世界の有様について、きわめて鋭い洞察を示したのもまた、実はシュミットであったという事実である。一九六三年の『パルチザンの理論』で、法が急速に「がらくた」にされかねない状況を、この法学者は正面から見据えているのである(34)。

シュミットはかねてから、主権国家が相互に境界線を認め合い、戦争する場合でも共通の法の下にそれを行うような、近代のヨーロッパ公法秩序の意義を高く評価していた。この体制においては、戦争の相手は「正しい敵」として扱われ、殲滅すべき対象とは見なされない。そこでは、戦争は「正規性」の概念によって管理されていた。正規性は、戦争／平和、戦闘員／非戦闘員、敵／犯罪者といった一連の区分を行い、それによって、戦争の範囲を限定することが可能になっていた。

ところが、こうした正規性は、二〇世紀の総力戦においては維持することができなくなる。戦争が例外状態ではなくなり、まさに「例外状態の常態化」としか言いようのない事態に移行することを、シュミットは公法秩序の喪失という観点からとらえている。そして、それを象徴するのが、一九世紀初めの抵抗戦争に端を発する「パルチザン」たちの登場であると言うのである。

パルチザンは「あらゆる枠づけの外にあるということが、その本質[35]」であり、彼らは非正規性・遊撃性・政治関与の苛烈さによって特徴づけられる[36]。制服を着けずに、あらゆる武器を用いて、神出鬼没で攻撃を加えるパルチザンたちは、正規軍のように法的な保護の対象ではないが、そのことを意に介しはしない[37]。しかも彼らは、敵をもはや「正しい敵」とは見なさない。自らの信じる「正しい原因」に照らして、敵を犯罪者と見なし、自らの命を賭けてそれを攻撃するのである。

それでも六三年のシュミットは、パルチザンをなお旧来の秩序との関係でとらえようと試みた。多くのパルチザンは「土地的」であり、父祖の土地の維持・回復に関心をもっている点で、領土とのつながりのない海賊のような「海洋的」なものとは区別されるとした[38]。主権国家の論理と同様に、パルチザンたちは「領土」に規定されているとシュミットは見なそうとしたのであり、その文脈で、レーニンや、それ以上に「土地的」とされる毛沢東を、典型的なパルチザンの例に挙げるのである。

しかし、こういった留保にもかかわらず、非正規的なものの噴出がもたらす事態の深刻さを、シュミットの議論が指し示していることは疑いない。

非正規性の空間

市村弘正は、『パルチザンの理論』が「政治的なるものの概念についての中間所見」という副題をもつ事情について、次のように述べている。ヨーロッパが世俗化の結果として、ただ「安全性」[39]だけを求める「真剣さなき世界」(レオ・シュトラウス)となることをシュミットはおそれた。二〇年代のシュミットは、国家を軸に、敵と友とが闘争し合うという意味での「政治的なもの」に期待したが、「世界の戦争化、あるいは戦争的日常性の現出」[40]ともいうべき展開を受けて、彼は「政治的なもの」のとらえ方について再考を迫られた。新たな戦争概念を前提に、シュミットは「もう一つの『政治的なもの』の概念の物語を生みだす[41]」。

パルチザンは非正規的に行動する[42]。

このシュミットの言葉を引きつつ、市村は、パルチザンが「自分が「法の外」にあることを知っている」ことに注目する。シュミットは「世界を「法を失っているもの」の側から捉え返すのである」[43]。

しかもパルチザンは、単に「法を失っている」だけではなく、自らが闘う「非正規性の空間」を通じて、「新しい空間」を現出させる。

パルチザンはむしろ、自己の敵を強制して、別の空間へと連れこむ。このようにして、パルチザンは正規の伝来の交戦区域に別種のいっそう暗黒な次元を、すなわち深層の次元を付け加える。[44]

このようにパルチザンが公然たる場を去り、「深層」や「地下」に潜行することは、市村によれば、社会の世俗化の結果として「尺度なき世界」が生まれたというシュミットの認識と関係している。[45]「絶滅」戦争後、もはやたとえばマックス・ウェーバーのように素朴に「神々の闘争」について語ることはできない。同時代においては、価値をめぐる闘争は、非正規的なものとしてしか続けられないのである。

アレントと非正規性

重要なのは、パルチザンの非正規的な活動に「新たな政治的なものを見出そうとする」シュミットの議論が、「現われの空間」としての政治空間というアレントの議論を、「いわば逆説的に」「語りついでいるように見える」という市村の論点である。(46) アレントは、人がその属する集団や肩書きによって表象される「表象の空間」に対して、人がそれ自身として現われ、語ることができる空間を、本来の意味で公的な空間として重視した。しかし彼女が同時に、

　現われの空間は潜在的に存在する。しかし潜在的にであって、必然的にでも永遠にでもない。

と述べたことを市村はとらえる。現われの空間なるものは、せいぜい刹那的に明滅するものにすぎず、確固として制度化されるようなものではありえないことをアレントも認めていた。市村は、アレントの想定する政治の領域が、シュミットが見出したパルチザンの「非正規性の空間」と、その潜在性において、そして正規性への対抗という点で、意外にも近いところにあると見ているのである。

公共性へ向かう潜在空間の思考と、虚偽的な公然性の世界に対立する非正規性の思考とが、反対側から近似するという事態のうちに、二十世紀における公的領域の狭小化と、それに向かう思考空間の一層の狭さとが表われているだろう(47)。

それにしても、アレントは複数の主体間の言語を介した相互的な関係としての「権力(power)」と、ある主体による別の主体への一方的な支配関係である「暴力(violence)」とを峻別し、前者こそを政治の関数と見なした人物である。

政治的に言えば、権力と暴力は同一でないというだけでは不十分である。権力と暴力は対立するのである(48)。

こうしたアレントの暴力観と、躊躇なく暴力を行使するパルチザンとの関係をどう考えればよいのだろうか。

市村は、そのパルチザン論において、ベンヤミンの暴力批判論に明示的には言及していない。一九三〇年のシュミット宛ベンヤミンの手紙を引き、「正規的なものが崩壊した『世界』に尺度と境界と形成とをもたらそうとする」シュミットの作業が、「私の芸術哲学上の研究方法の有効性を確証した」とベンヤミンが述べていることにふれるのみである。[49] しかし、「パルチザンの闘争は、たんに既存の政治体の破壊のみに向かうのではない」[50]という市村の言葉に、ベンヤミンの純粋暴力論に通じるものを見てとるのは容易であろう。

ベンヤミンの暴力論という補助線を引けば、アレントとシュミットが「反対側から近似」して行ったという市村の主張は、次のように解釈できよう。アレントは暴力を忌避し、暴力からの脱出を図ることで、ベンヤミン的に言えば純粋暴力の領域に入って行く。ベンヤミンが私人間の「話し合い」を純粋暴力に近いものと考えていたことも、ここで思い起こされる。他方、正規性の外に出ようとするパルチザンたちの行動は、「たんに既存の政治体の破壊のみに向かう」のでなく、法＝暴力の解体を究極的には目指すものであるなら、それを純粋暴力に近いものと見なすことができるだろう。

4　境界画定の批判へ

このようにシュミット、ベンヤミン、アレントの間の「論争」を再構成してみると、相互の深刻な対立にもかかわらず、そこに、境界画定への強い意志ともいうべきものが共有されていることが見てとれる。

政治体の内部／外部、法的秩序／アノミーの境界について決断する主権という概念に執着し、正規性／非正規性の対立を重視したシュミットについては言うに及ばず、そうしたシュミット的な主権の暴力性を強く批判しようとしたベンヤミンもまた、まさにその批判のために、神話的暴力／神的暴力、法的なもの／法の外、という二分法を新たに導入することになった。そしてアレントもまた、公的なもの／私的なものを峻別する立場の延長上に、権力／暴力という境界線を導入している。「単なる生」の維持を自己目的化してはならないと述べたベンヤミンと同様に、アレントは、生物学的な生(ゾーエー)とは区別されるものとして政治的な生(ビオス)を重視していた。

ジャック・デリダは『法の力』で、神的暴力論を展開したベンヤミンが、もしも「最終的解決」と呼ばれたナチスのユダヤ人虐殺を目撃したら、それにどう反応しただろうか、という問いを立てている。その上で、ホロコーストを神的暴力に重ね合わせること、すなわち「無血的であるがゆえに罪を浄めるというような一つの絶滅化作用」をもつとされるものの「解釈不可能な顕現として考えたいという誘惑」を、ベンヤミンのテキストは封印していない、と述べるのである(51)。

このデリダの指摘を、アガンベンは「奇妙な曲解(52)」と一蹴する。たしかに、ホロコースト以後の人々がベンヤミンのテキストから何を連想するかまでが、彼の責任であるはずはなかろう。しかしデリダは、単に神的暴力という言葉の表層に惑わされたといったことではなくて、それが「最終的」なものとされていることに戦慄したのではないか。

すなわち、ベンヤミンの議論にデリダは、境界画定の暴力を見出したのではなかろうか。[53]
われわれは、法＝暴力の彼岸を想定しなければ、秩序に抵抗することはできないのだろうか。法のなかにとらえられているということは、正規性への全面的な屈服を意味するのか。暴力が排除されたところで行われる、自己目的としての「話し合い」という形でしか、政治のあるべき姿を考えることはできないのか。そうではなかろう。解放という「出口」を前提としなければ、権力への抵抗を続けられないわけではない。潜勢的にホモ・サケルであると同時に潜勢的に主権者でもあるという、両義的な地位にわれわれはあるからである。

政治というものを、法の内部に巣食い、法と共に生き、法の暴力を見つめながら、しかも法を相対化して行く、そうした内在的な実践のプロセスとして再定義することはできないか。境界線の暴力が亢進する中、暴力とその外部とを画定する境界線よりも、境界画定そのものの限界づけ＝批判が求められているのである。

（1）Walter Benjamin, *Zur Kritik der Gewalt*, 1921: 野村修編訳『暴力批判論　他十篇』岩波文庫、一九九四年所収、二九頁。
（2）同上、四一頁。
（3）同上、三四頁。

（4）同上、三五頁。
（5）同上、五五頁。
（6）同上、五九頁。
（7）同上、六三頁。
（8）同上、四七―四八頁。
（9）同上、四二頁。
（10）Georges Sorel, *Réflexions sur la violence*, 1908：今村仁司・塚原史訳『暴力論』上・下、岩波文庫、二〇〇七年。
（11）前掲註1、五一―五二頁。
（12）前掲註10、下、五三頁。
（13）前掲註1、六〇頁。
（14）市野川容孝『社会』岩波書店、二〇〇六年、七四―七五頁。
（15）同上、七八頁。
（16）前掲註1、六四頁。
（17）Giorgio Agamben, *Stato di eccezione*, 2003：上村忠男・中村勝己訳『例外状態』未來社、二〇〇七年、一〇九頁。
（18）Carl Schmitt, *Die Diktatur: von den Anfangen des modernen Souveränitätsgedankens bis zum proletarischen Klassenkampf*, 1921：田中浩・原田武雄訳『独裁　近代主権論の起源からプロレタリア階級闘争まで』（一九六四年版の邦訳）未來社、一九九一年。

(19) Carl Schmitt, *Politische Theologie*, 1922: 田中浩・原田武雄訳『政治神学』(一九三四年版の邦訳)未來社、一九七一年。
(20) 前掲註17、一一〇頁。
(21) 同上、一一五頁。
(22) 同上、七一頁。
(23) 同上、一一〇頁。
(24) 同上、七〇頁。
(25) 同上、七〇頁。
(26) Giorgio Agamben, *Homo sacer. Il potere sovrano e la nuda vita*, 1995: 高桑和巳訳『ホモ・サケル』以文社、二〇〇三年、一〇三頁。
(27) 同上、一二一―一二二頁。
(28) Michel Foucault, *Surveiller et punir*, 1975: 田村俶訳『監獄の誕生』新潮社、一九七七年。
(29) 前掲註17、一六〇頁。
(30) 同上、一七三頁。
(31) Walter Benjamin, *Über den Begriff der Geschichte*, 1940「歴史の概念について」: 野村修編訳『ボードレール　他五篇』岩波文庫、一九九四年所収、三三四頁。
(32) 前掲註17、一七六頁。
(33) 同上、一二六―一二七頁。
(34) Carl Schmitt, *Theorie des Partisanen: Zwischenbemerkung zum Begriff des Politischen,*

1963: 新田邦夫訳『パルチザンの理論』福村出版、一九七二年。
(35) 同上、二三頁。
(36) 同上、三八頁。
(37) 同上、二四頁。
(38) 同上、四〇頁以下。
(39) 市村弘正『増補　敗北の二十世紀』ちくま学芸文庫、二〇〇七年、五六頁。
(40) 同上、五九頁。
(41) 同上、六三頁。
(42) 前掲註34、四五頁。
(43) 前掲註39、六二―六三頁。
(44) 前掲註39、六五頁、前掲註34、一三三―一三四頁。
(45) 前掲註39、六八頁。
(46) 同上、六九頁。
(47) 同上、七〇頁。
(48) Hannah Arendt, "On Violence", 1972: 高野フミ訳『暴力について』みすず書房、一九七三年。
(49) 前掲註39、六七頁。
(50) 同上、七一頁。
(51) Jacques Derrida, *Force de loi*, 1994: 堅田研一訳『法の力』法政大学出版局、一九九九年、

一九二頁以下。
(52)　前掲註26、九六頁。
(53)　杉田敦『権力論』岩波現代文庫、二〇一五年。

第五章　寛容と差異

——政治的アイデンティティをめぐって——

ここでお話しすることは、標題に掲げましたように、結局は寛容と差異との関係ということになるかと思います。われわれは日常において、人と人との間に、あるいは何らかの集団と集団との間に違い(差異)があると思いながら暮らしています。何の違いも認めない、すべては同じであると思っている人は少ないでしょう。ところが、差異の存在を強調することは一般的にはためらわれてきました。それは、一方でわれわれは、人と人との間の、あるいは集団と集団との間の争いは少ないほど良いと思っており、そのためには同質性を強調する方が得策とされてきたからです。平和的な共存(寛容)を実現するには差異は相対化されなければならないというのが、普通の考え方(自由主義的コンセンサス)でした。人間の基本的な共通点に注目し、差別待遇があれば、それを除去することに専念すべきであるとされてきました。

しかしながら、ここに来て事態は変わりつつあります。普遍主義の下で割を食ってきた部分から、さまざまな異議申し立てがなされているからです。さらに、普遍主義と境界線(ボーダー)との間の矛盾についても問題提起がなされつつあります。こうした事情について、以前に書いた文章[1]を要約する形で、まず話を始めたいと思います。

1　リベラル‐コミュニタリアン論争と「アイデンティティの政治」

一九八〇年代から、政治理論や法哲学、倫理学の世界では、自由主義者(リベラル)と共同体論者(コミュニタリアン)との間の論争ということがさかんに言われてきました。論争が実際に成立したかを含め、このことについてはいろいろなとらえ方がありますが、私の理解では、共同体論者たちは、それまで自由主義のヘゲモニーの下で封印されてきたアイデンティティ問題を表に出す役割を果たしたと言えます。そもそもジョン・ロールズ(『正義論』一九七一年)やロナルド・ドゥオーキン(『権利論』一九七七年)のような自由主義者たちは、全くの自由放任主義というわけではなく、社会が共有すべき最低限のルールはあるとしながらも、ライフ・スタイルの選択はそれぞれの個人の自由であると主張していました。彼らによれば、個人が社会に先立って存在するのであり、そうした個人の選択にもとづいて初めて社会がつくられるのです。彼らは、このように個人の選択の自由を強調しても、社会が解体する心配はあまりないと考えました。それは、人が十分に理性的でさえあれば、独りでは生きていけないことに気づき、一定の助け合いの要素を含むような共通ルールを選ぶはずであるとされたからです。これに対し、チャールズ・テイラー(『哲学論文集』一九八五年)やアラスデア・マッキンタイア(『失われた徳を求めて』一九八一年)のような共同体論者たちは、自由主義者の見通しは楽観的にすぎると主張しました。最近の北米をはじめとする先進諸国では、自分さえ良ければ良いというエゴイズムが蔓延し、一切の負担をしないで利益だけ受け取る「ただ乗り」現象が見られるが、その原因は、社会より先に個人があるという自由主義的理論が主導権を握っている点にあると彼らは主張しました。共同体論者たちは、自由主義者とは逆に、個人は社会の中で初めて人間になることができると強調します。ある共同体が継承してきた文化を受け入れることで、初めて人はものを考えることができ、ものを伝えることもできるようになる。そして、共同体が共有する道徳を自分の内面に植え付けることによってのみ、人は社会全体のことを考え、勝手なふるまいをつつしむことができるというのです。自らをある集団と重ね合わせること、すなわち集合的なアイデンティティを持つことが大事であるとするこの議論は、「人間はポリス的動物である」、つまりポリスという共同体の中でのみ人間は人間となりうるというテーゼに集約されるアリストテレス主義を、現代に復活させようとするものとも見えます。自由主義者たちは、こうした議論は時代錯誤ではないかという批判を加えました。しかしながら、皮肉なことには、こうした批判は自由主義者自身にもはね返ることになりました。彼らはきわめて抽象的に人間一般について論じているようでありながら、実は国民国家という単位の中でのルールの共有を素朴に前提としているのではないか。共同体論者による批判は、こうした自由主義者の議論の不用意な前提を明るみに出してしまいました。そもそも最低限にせよルールについて合意できるためには、あらかじめ言語はもちろん、いろいろな文化的前提を共有している必要があるのではないか。その意味で、自由主義者は「隠れ共同体論者」ではないか、というわけです。

このような共同体論者による自由主義批判は一定の有効性を持っていたのですが、話はそれで終わりませんでした。両者に対して、第三の方向から非難が加えられることになったのです。それが、多文化主義者(マルチカルチュラリスト)からの批判にほかなりません。多文化主義なるものについてもさまざまな流れがあり、一つにくくることは困難ですが、共通していることは、国家内部に相異なる複数の文化的共同体があることを強調する点です。例えばアメリカ合州国では従来、ヨーロッパ文化との連続性が自明視され、白人でキリスト教徒の男性が生み出した文化しかないかのように論じられがちであった。そのために、人種的・宗教的なマイノリティや女性たちは、初めから自信を失い、自分たちにとってなじみのない文化に適応困難であったため、成功することができなかった。そこで、アフリカ系アメリカ人とアフリカ文化との連続性、アジア系アメリカ人とアジア文化との連続性、さらに女性独自の文化などの要素を強調することで、それらマイノリティの自信を回復すると共に、文化自体をもっと多元的で豊かなものにしていくべきである、という考え方です。こうした考え方は、集合的なアイデンティティの意義を強調するものですから、人間をバラバラの抽象的なものと見なす自由主義者の考え方と相容れない面があることは言うまでもありません。さらに従来の自由主義者主導のマイノリティ政策に対しても批判が行われました。自由主義者はアフリカ系アメリカ人に関して、一切の差別待遇をなくすという「同化」政策を採用し、それが他のマイノリティについても応用されてきました。ところが、ウィル・キムリッカによれば[2]、アフリカ系アメリカ人はきわめて特殊なケースだったのにモデル・ケースとされたため、問題を生んでいるのです。彼らはもともとの文化から強制的に切り離され、さらに奴隷として地理的に散在させられたため、自らの文化的伝統を明確化したり、共同体としてまとまることが困難であり、そのために、「同化」が唯一の方策のように見えました(もちろん、それが実際にうまくいったかどうかは別問題ですが)。これに対し、キムリッカが注目する北米の先住民をはじめ、世界のマイノリティの多くは、地理的にまとまっており、文化的にもかなりはっきりしているため、支配的な文化から「分離」すること、つまり差異を明確にしていく方が有望であるというわけです。

さらに、キムリッカのような多文化主義者は、共同体論者とも対立することになります。ちょっと考えると、両者は集合的なアイデンティティを強調する点で共通しているため、関係が良いようにも思えますが、実際には必ずしもそうではありません。まず、共同体論者の多くは、自らの考える共同体の範囲を国民国家と重ね合わせます。つまり、文化的な共同体の範囲と政治的な共同体の範囲とが一致するという前提をとっているわけです。したがって、一つの国の中に複数の文化的共同体があるという主張は受け入れられません。もっともチャールズ・テイラーのように、カナダを英語圏とフランス語圏（ケベック州）から成る多文化的な国にしようと考えている共同体論者もいます(3)が、彼は、多文化主義者がマイノリティの自信を回復するためにいかなる文化も対等としがちなことに異を唱えます。初めからある文化をばかにするようなことはいけないが、文化は競い合うものであって、諸文化間の価値序列はあるというのです。このような考え方は、多文化主義者からすれば、西洋的な尺度に従って異文化を測る「オリエンタリズム」に終わることになるでしょう。キムリッカからの目から見れば、テイラーはフランス語文化は尊重しても、先住民の文化を尊重する気などないのです。

「オリエンタリズム」批判が出たところで、第四の立場であるポストモダニストとの関係について見ておくことにします。ここでポストモダニストとは、ニーチェ、フランクフルト学派、そしてミシェル・フーコーらの系譜を継ぎ、西洋近代における主体の形而上学や普遍性への志向を批判する人々のことです。最近の政治理論家としては、ウィリアム・コノリーやアイリス・マリオン・ヤングなどが有名ですが、彼らは集合的アイデンティティには基本的に批判的です。キリスト教はさまざまな考え方に「異端」のレッテルを貼り、厳しく迫害することによってのみ「正統」を確立することができたし、西洋は「アジア的停滞」と自らを区別するために、いろいろな圧力を自らに課してきた。集合的アイデンティティというものは、そのように自らと異なる(そして、それゆえに軽蔑すべき)「他者」を生み出すことでようやく得られるものである、と彼らは言います。しかるに、そもそも人間というものは、一つの、あるいは一握りのアイデンティティによって覆いつくされるようなものではなく、いかなる定義をも越え出る豊かさを持つのではないか。したがって、集合的アイデンティティはつねに恣意的なものであり、まやかしであるというのがポストモダニストの考え方です。こうした発想からすれば、共同体の徳を内面化した個人という共同体主義の人間観はもちろんのこと、自分のライフ・スタイルを選択する理性的な個人という自由主義の人間観すらも、ある特定のアイデンティティをまるで必然的・絶対的であるかのように見なすものとして問題とされることになります。これに対し、彼らと多文化主義者との関係はいささか微妙です。西洋の国民国家における支配的な文化を相対化する点では、ポストモダニストと多文化主義者は共闘することができるからです。しかし、集合的アイデンティティを信じる多文化主義者と、それを疑うポストモダニストとの間には深刻な対立があることも見逃せません。いくら支配的アイデンティティに対抗するためとはいえ、生まれによってアイデンティティが固定化するかのように論じることは、ポストモダニストには受け入れられないはずだからです。

ここで一つの疑問が浮かびます。集合的アイデンティティを危険なものと見なす点で、ポストモダニストの立場は、差異を相対化する自由主義的な寛容論に似通っているのではないか。ポストモダニストとは、結局、偽装した自由主義者なのではないか、というものです。しかし、私の考えでは、必ずしもそうではありません。それは、差異についての両者の考え方が根本的に異なるからです。図式的にいえば、自由主義者が人間は基本的に同じようなものであるとし、差異をあまり大したものと思っていないために、差異にもとづく集合的アイデンティティを重視しないとすれば、ポストモダニストは逆に、人間はどんなカテゴリーによってもくくれないほど無限の差異を持つとし、差異をあまりに重視するために、差異が集合的アイデンティティとして固定化するとは考えられないのです。

以上に紹介してきたことからも、いわゆるリベラル－コミュニタリアン論争と、その後の展開とでは、議論の軸が変化していることにお気づきと思います。前者においては、非常に多くの文化的共有物を持つ、つまりきわめて同質的な国民から成る国家という枠組みが基本的に前提とされていました。さらに、議論はあくまで西洋の文化的伝統の上で行われ、その内部で完結するものとされていました。ところがこれらの前提そのものが、大いに問題とされるようになったのです。国民という単位を単一の文化的共同体と重ね合わせられるのか、あるいは、そもそもこれまでも重なっていたのか。そして、もし国家内に西洋起源以外のさまざまな文化的伝統があるとすれば、もろもろの文化的共同体相互の関係が、これまで見落とされていた重大問題として浮上するのではないか、というわけです。

もちろん、このように言うことは、リベラル－コミュニタリアン論争の中で問われていた問題がもはやなくなったとか、どうでもよいものになったということではありません。そこで提示された問題は依然として未解決であり、今後ともたえず問われ続けるべきものです。ただ、それらの問題を扱うにしても、今後は従来とは異なる扱い方をしなければならなくなったということなのです。閉じた同質的なシステムとしての共同体を想定することはもはや不可能であり、内部における差異の存在、さらに外部との相互浸透のあり方なども考慮に入れながら考えていくほかないのです。

そのような意味で、私がここで注目したいのは、先ほども名前を挙げたキムリッカの「ナショナル・マイノリティ」論と、マイケル・ウォルツァーの「移民社会」論との関係です。これから若干くわしく見ていきますように、両者は一見したところ鋭い対照を示しているのですが、にもかかわらず、両者は実は表裏一体になっているように私には思われます。両者は、国民という単位とさまざまなアイデンティティとの折り合わせ方について、二つの典型的な対応の仕方を、かなり徹底した形で示してくれています。しかし、私の考えでは、いずれの方向も結局は共通の問題をはらんでいるのです。

2　「ナショナル・マイノリティ」の擁護

キムリッカの『多文化主義的シティズンシップ[4]』(一九九五年)の最大の特徴は、多文化的な社会を大きく二つに分けている点にあります。すなわち、一つの国家(ステート)の中に、もともと別個に成立していた複数の民族(ネーション)が、征服などによって包含された場合をマルチネーション・ステートと呼び、一方、自発的移民が流入して形成された場合をポリエスニック・ステートと呼びます。そして、後者、すなわち移民国家の場合には、基本的に共通文化に、言い換えれば多数派の文化に同化せよというわけです。ここでキムリッカが想定している移民国家が、何よりもまずアメリカ合州国であることは明らかです。そうした国への移民は、自分の判断によって、もともとの文化を捨ててきたのだから、今さら自文化を主張する権利を持たない。しかも、移民はたいていの場合、分散しており、領域性(テリトリアリティ)がないので、文化的コミュニティを形成することも容易でないとします。これに対し、前者のようにもともと相当の文化的まとまりがあり、現在もある程度集中している集団については、自律性を認めるべきであるというのですが、ここでキムリッカが想定しているのは、何よりもケベックのフランス語系住民と北米の先住民であり、彼はこれを「ナショナル・マイノリティ」と呼ぶのです。ただしキムリッカは、文化の「対外的保護」と「対内的規制」とを分け、前者のために集団に特別な権利を与える一方、後者については基本的に認めないという立場をとります。つまり、外の強い文化から弱い文化を守ることは良いが、ある文化の内部で、個人に対する迫害がなされることは許さないというのです。実際にこうした区別がどこまでできるかはあまり明確でありませんが、おそらく国家助成なども含めて、マイノリティ文化の保存に努める。しかし、それでも出て行く人間を深追いしたり、内部で暴力的に強制したりすることまでは認めない、ということのようです。先ほどもふれたように、キムリッカは以前から、エスニック・アイデンティティについてのこれまでのリベラルの議論が、アフリカ系アメリカ人の処遇に力点をおいた結果、同化主義的な議論に傾きすぎたと主張していましたが、最近の彼の議論は、そうした趨勢に反発するあまり、逆にカナダ的状況の一般化にまで至ったと言えるかもしれません。

このような議論に対しては、さまざまな批判が行われています。キムリッカ自身が編集した論集『マイノリティ文化の権利』(5)(一九九五年)や、雑誌『コンステレーションズ』一九九七年四月号のシンポジウムなどから、(6)批判の要点とキムリッカの応答を整理してみることにしましょう。第一に、マイノリティの文化ではしばしば「対内的規制」が強いのではないか、つまり、脱退を許さないなど、内部に対して抑圧的なのではないかという批判があります。これに対してキムリッカは、批判者が想定している先住民文化などにも、実はたいてい寛容な要素が存在するという言い方をします。そして、仮にきわめて抑圧的な文化があったとしても、だからといってその文化を叩きつぶすのでなく、外からあくまで言葉によって批判し、内部改革に期待すべきだというのです。ここでキムリッカが直面している批判は、寛容の限界にかかわるものと言えましょう。われわれはどんな文化でも尊重しなければならないわけではなく、人権を脅かすような文化は否定し、その内部に囚われている人々を救うべきではないか。今日、いわゆる「イスラム原理主義」などについて、このような議論がしばしば見られます。この問題についてまず言えることは、論者が対象とする文化についてよく知らないまま、非キリスト教文化圏への偏見にもとづいて、推測でものを言っている場合が多いことです。こうした態度は明らかに問題です。これに対しキムリッカは、どんな文化にもよく調べれば寛容な要素があるから大丈夫だと言いますが、これもいささか安易な言い方です。キムリッカが世界中のあらゆる文化について知っているはずもないでしょう。よく調べずに大丈夫だと言うのは、よく調べずにダメと言うのと同じくらい無責任と言わざるをえません。ただ、よく調べるべきだという点では仮に多くの人が一致するとしても、判断の基準をどうするのかという問題が残ります。フランスのような強い文化でも、ハリウッド映画を規制しなければアメリカ文化の侵食に勝てないとされている現在、「対内的規制」を一切しないで「対外的保護」が可能な文化がはたしてあるかは疑問です。そして、「対外的保護」のために許される「対内的規制」の限度となると、一般的に論じることはできそうにありません。

これに関連して第二に、集団に特別な権利を認めることそのものへの批判が、個人主義的立場から提起されています。あとでふれるように、ウォルツァーも、この点では自由主義者と共に、個人という単位の重要性を強調しています。権利というものはあくまで個人にのみ認められるのであって、集団に権利など認めたら、抑圧的な「対内的規制」は不可避であるというのです。これに対しキムリッカは、そう言っている自由主義者らが、一九世紀から今日に至るまで、実はほとんど国民国家の枠内で権利を論じていることを問題にします。もしも集団でなく個人そのものに権利があるとすれば、その個人がどの国に属するかなどは関係ないはずである。しかるに自由主義者が、権利というものを実際にはあるネーション内部でのみ成り立つものであるかのように論じてきたとすれば、それはネーション単位の集団的権利を論じたに等しいのではないか。それなら「ナショナル・マイノリティ」に集団的権利を認めてもよいはずだ、というのです。しかし、キムリッカのこのような主張は、いわば諸刃の剣のように、彼自身の前提をも掘り崩しかねません。というのも、もしもあらゆる集団が権利を持ちうると言うなら、いわゆるネーションといわゆる「ナショナル・マイノリティ」だけに限る必然性もなくなるからです。日系カナダ人などの移民集団の権利、さらに、女性の集団的権利なども一概に否定しにくくなるはずであり、「ナショナル・マイノリティ」を特別のものとする彼の議論の根拠はゆらぐのです。

ここから第三の批判として、そもそもなぜ、たまたまその中に生まれついた文化を、ある人間にとって本質的に重要なものと見なすのかという点が、いわゆるポストモダニスト的立場からは問題にされます。別にプエブロ・インディアンだから、あるいはフランス人だから、その文化的アイデンティティを背負う義務はないのであって、自分のライフ・スタイルをいつでも自由に選んでよいのではないかという議論です。こうした論者からすれば、キムリッカの議論は、個人と共同体との関係を固定化するものであり、決して受け容れることができないものとなります。こうした批判は、キムリッカの議論におけるコミュニタリアン的な側面への批判と言うこともできましょう。これに対しキムリッカは、自分の生まれついた文化を捨てるのは容易なことではないから、と言います。しかし、そんなことを言うなら、移民たちにとっても、もともとの文化を捨てて新たな文化に適応するのは大変なことなのではないでしょうか。キムリッカは、先ほどふれたように、移民には同化せよと言いますが、これはいささか冷たい言い方ではないでしょうか。

これに関連して第四に、最も重大な批判として、そもそも移民と「ナショナル・マイノリティ」を区分するという二分法そのものへの疑問を挙げることができます。まず移民にしても、今もふれたように、多くの場合、それぞれのエスニック文化からも大きな影響を受けていますし、かなり地域的に集中している場合もあります。次に、この二分法では、いろいろな人々がどちらのカテゴリーにも入らず、こぼれ落ちてしまうのです。まずアフリカ系アメリカ人です。強制的に連れて来られた人々の子孫である彼らは、先住民のような「ナショナル・マイノリティ」ではなく、かといって移民というわけでもありません。アメリカでの理論がアフリカ系アメリカ人を考慮しすぎた結果として偏向したというキムリッカの批判を受け入れて、この事例については目をつぶることにしましょうか。しかし、事態はそれにとどまりません。亡命者、難民、外国人労働者、ロマ(ジプシー)など、現在問題となりつつある多くの事例が、ことごとくこぼれ落ちます。これは深刻な問題と言うほかありません。

二分法を導入することによって、キムリッカは何をしたのでしょうか。彼は「ナショナル・マイノリティ」なるものを救済するために、移民と呼ばれる人々を犠牲にすることになったのです。移民のようにふらふらと移動している人々には特別の権利は何もないが、先住民のようにしっかりと定住している人々には特別の権利があるというわけです。キムリッカは移民を「他者」とすることによって、「ナショナル・マイノリティ」のアイデンティティを立ち上げようとしました。フェミニズムから出発し、いろいろなマイノリティ集団の理論を展開しつつあるヤングも言うように、こうした関係は実は二分法一般に見てとれるものかもしれません。「理性的」というアイデンティティを確立するには、「非理性的」な人々を指差さなければならないでしょう。あのようなことをしているあの人たちと、われわれとは違うというわけです。能動的／受動的、精神／身体、そして男／女などの一連の二分法がこのようにして生まれました。そして、良いとされる方の諸カテゴリーも、悪いとされる方の諸カテゴリーも、それぞれが相互に結びついているようにしばしば思われてきたのです。男は能動的で理性的で精神的であり、女は受動的で非理性的で身体的である、という具合に。このような事情をふまえてヤングは、キムリッカの二分法についてもその撤回を求めます。移民と「ナショナル・マイノリティ」との間の関係を切断されたものと見ないで、関係概念、すなわち程度問題とし、概念の連続体を想定すべきだというのです。

このような批判に対してキムリッカは、以下のように答えています。まず、いろいろこぼれていると言われても、どんな図式からも必ずこぼれるので仕方がない。こぼれたものの方が深刻かもしれないが、それらは深刻すぎて、論じれば論じるほど多文化主義への反動がむしろ強まってしまう。難民や外国人労働者に集団としての権利を与えることなど、とても多くの人々の支持を得られないから、というのです。ヤングの言うように概念を連続体とすることも、一般的に見られる「すべり易い坂(slippery slope)」論を強めるだけに終わるとします。つまり、もしも切れ目がないとすると、ある集団に自律権を認めたが最後、他の集団もみんな出て行ってしまいかねず、歯止めがないことになる。それならどんな集団にも認めない方が良いということになり、結局どの集団も自律に至ることができなくなってしまう。あるいは逆に、ある集団が同化したとすると、他もみな同化できるはずだ、ということになり、結局どの集団も自律化できない。こうした事態を避けるため、北米ではすでにある程度判例などで自律権が承認されている集団を特別扱いすることで、一歩前に進もうとしたというのがキムリッカの言い分です。

3 「移民社会」の擁護

一方、『アメリカ人であることの意味』[7]（一九九二年）、『寛容について』[8]（一九九七年）などの一連の仕事でウォルツァーは、アメリカ合州国が「移民社会」であることの重要性を力説します。彼によれば「移民社会」とは、強い同質性を標榜する国民国家（ネーション・ステート）とも、多民族を異質なままに包含する帝国とも、複数民族の均衡の上に成り立つコンソシエーション（ベルギーなど）とも異なる独特の存在です。そして、そうであるがゆえに、史上まれなまでに寛容な社会でありえたのであり、これを守っていかなければならないというわけです。ウォルツァーによると、国民国家は実際にはある固定的な多数派(マジョリティ)と、固定的なマイノリティから成っており、そこには多元性がありません。これに対し帝国は、一見、内部に複数の文化的共同体が並存しており、それなりに多元的に見えます。実際、イスラム教を基本としながら、キリスト教などの他の宗教共同体に一定の自治権を与えたオスマン・トルコのシステムを、キムリッカからはかなり高く評価しています。しかしウォルツァーは、それら各宗教共同体内部が抑圧的であったという理由で、帝国をしりぞけるのです(この点は、先ほどふれた「対内的規制」批判と関連します)。コンソシエーションは、おおむね不安定であるとして却下されます。そこで「移民社会」ですが、ウォルツァーがそれに関して最も重視する点は、そこではすべてのアイデンティティが、例えばアイリッシュ-アメリカンという具合に「ハイフン付き」になっていることです。自由主義者の中には、これを公／私区分と対応させて、政治的にはアメリカンだが文化的にはアイリッシュと解釈する向きもありますが、これは間違いであり、文化的にも政治的にも「アイリッシュ-アメリカン」なのだとウォルツァーは言います。アイリッシュ-アメリカンは、例えばイタリアン-アメリカンやチャイニーズ-アメリカンとは差異があるが、かといってアイルランドの人々と同一というわけでもない。他のどこにもないアイデンティティであり、これらが多元的に同居しているのがアメリカ性の本質である、というのです。ここでウォルツァーは、合州国内部に差異があることを重視しつつ、それぞれの差異が国境の外の何ものかと結びつくことを極度に警戒していると言えましょう。その場合、主として想定されているのは、「アフリカ中心主義」などであると思われます。そして、キムリッカがカナダ的状況に専念する傾向を示しているとすれば、ウォルツァーは合州国的状況の有利さを強調します。最近では、従来同質性を標榜してきた国民国家が解体の危機に直面しているが、もともとエスニックな多元主義を実践しているアメリカには、そうした問題点は本来ないのであって、一部の活動家がことさらにエスニック・アイデンティティを煽り立てているにすぎないというのです。しかもウォルツァーは、こうした「移民社会」としての性格は、合州国に最も典型的であるとしても、それに限られるものではないとも言います。彼によれば、最も典型的な国民国家と見られてきたフランスでさえ、現状では「移民社会」と見ることもできるのです。

このような議論に対しても、さまざまな批判が可能です。ウォルツァー自身が想定する論点を含め、整理してみましょう。第一に、ウォルツァーは「移民社会」であることを強調するあまり、征服された先住民や、奴隷として輸入されたアフリカ系などの存在を軽視しているのではないか。これは、まさにキムリッカ的な立場から提起されうる疑問です。これに対しウォルツァーは、アメリカの多元主義が形成された時期には、今日では活動的なそれらのマイノリティはみな「政治的に無力で社会的に不可視であった」から、彼らが勘定に入っていなかったのもやむをえない。そして、たしかにそうした例外もあろうが、全体としては、合州国は個人や家族単位で流入した移民によって構成され、移民は国中に分散したため、エスニックな領土性もほとんどない。このことこそが大事である、というのです。ここでウォルツァーは、何をしているのでしょうか。彼はアメリカ人の(そして程度の差こそあれ他のすべての人々の)移民としての同質性を強調することによって、ある特定の人々だけが「ノマド性」(非定住性)によってマークされるような事態を避けようとしていると考えることができます。ウォルツァーは自分がユダヤ系(ジューイッシュ‐アメリカン)であると公言していますが、ユダヤの人々の悲劇は、非定住的マイノリティとしての迫害の歴史でした。こうした経験への学び方は大きく二つあるようです。一つは、同質性と定住を前提とする国民国家システムの中に自分たちも場所を得ようとする方向、すなわちユダヤ人だけが定住する国民国家をつくろうとする方向であり、言うまでもなくイスラエル建国はこうした考え方を引き継いでいます。それはたしかに、二〇世紀の現実の中で、迫害の可能性を低くする一つの選択肢だったかもしれませんが、それがパレスチナ人という新たな難民を生み出すことによって初めて実現したことも否定できません。そしてもう一つの学び方が、おそらくここでウォルツァーが示しているような、同質性と定住そのものに挑戦する方向、つまり長い目で見れば、あらゆる人々は流れ者の子孫であり、その点において平等であるという考え方です。たしかにそう考えることで、ユダヤ系の人々が特別視される可能性は低くなるかもしれません。ウォルツァーの議論の背景にあるのは、アメリカ合州国は、ユダヤ系の人々にとって相対的に住み易い国であったが、それは「移民社会」としての成り立ちを抜きにしては考えられないという認識でしょう。「移民社会」としての性格を強調することは、ジューイッシュ‐アメリカンのような人々にとっては一つの有効な戦略と言えるかもしれません。しかしそれは同時に、合州国が、自発的な移民以外の構成要素、征服や強制連行といった暴力によって編入された人々をも含んでいることを隠蔽することにつながりかねないのです。これまで欧米では、多くの場合に、マイノリティ問題はユダヤ人問題を軸として論じられてきました。この問題の深刻さを考えれば、それも当然です。しかし、あらゆるマイノリティ問題をユダヤ人問題の応用としてしまうことは、さまざまな問題を生むでしょう。マイノリティと一口に言ってもいろいろな事情があり、解決策をめぐって利害が対立することもあるからです。最近ハンナ・アレントの「パリア(賤民)」論を、ユダヤ人問題を越えてあらゆるマイノリティ問題に応用しようとする注目される試みがありますが、そうした試みの際にも、この点に留意する必要があるかと思います。

次に、ウォルツァー批判の第二の論点として、「移民社会」であることを強調する際に、ウォルツァーが文化的な同化主義に傾きすぎているのではないかという点が挙げられます。すでに彼は『正義の諸領域(9)』(一九八三年)で、まず自らが重視するコミュニティ

(共同体)をアメリカ合州国と同一視した上で、つまり、国民という単位がそれより小さい単位や大きい単位とは違う特別の重要性を持つとした上で、そうしたコミュニティの文化的一体性を保つために、コミュニティは移民を制限しうるとしていました。近著でも彼は、彼がアメリカ文化で最も重視する自由主義の要素、すなわち個人の選択を軸とし、自発的なアソシエーションの形成に期待することが、イギリス系のプロテスタンティズムの文化に由来することをはっきり認めた上で、そうしたアメリカ自由主義を公民教育の共通カリキュラムとしなければならないと主張します。ウォルツァーの理解では、もし自由主義が多数派の文化だからという理由だけで重視されるなら問題だが、そうではなくて、多数派と少数派との共存(寛容)を可能にする唯一の前提だから尊重されるのであるとすれば、それを共有することは押しつけにはならないのです。こういう考え方は、価値をめぐる多元主義を守るための前提として、政治的領域についてだけ自由主義の普遍性を確保しようとする近年のロールズの「政治的自由主義」に近いようにも思われます。これに対しては、そうした同化主義は、もともと特定の集団の文化にすぎなかったものを一般化することになり、結果的にそうした文化に疎遠な人々を周縁化する権力を帯びざるをえないという批判が、ヤングのようなポストモダニストから当然なされることになります。例えば、個人の自発性を強調する文化が普遍的であるとしてしまうと、集団の協調性を重視する文化を背負った人々が成功することはむずかしくなるからです。さらに、もしもウォルツァーの言っていることが、アメリカ自由主義を公的アイデンティティとして共有し、その他の文化的差異は私的領域でそれぞれ主張せよということであるとすれば、それは先に紹介したような、彼自身による公／私二分論批判と矛盾していると言わざるをえません。

これに関連して第三に、ウォルツァーがそもそも差異の存在をどこまで重視しているのかが問題となります。彼も、キムリッカ流の「ナショナル・マイノリティ」擁護論に対しては一定の理解を示しているのですが、カナダについても認められるのはケベックまでで、先住民文化は十分に寛容ではないと言い、非ヨーロッパ文化には警戒的です(その根拠は示さないまま)。さらに彼は、エスニシティやジェンダーの差異は、今日喧伝されているほどには重大問題ではないという言い方もしています。ウォルツァーによれば、重要な政治問題とは何よりもまず経済問題なのです。マイノリティの自己主張が高まったのも実は貧困が原因であり、したがって経済政策によって解決されうると言います。このように経済的要因を重視する彼の立場について、どのように考えたらよいでしょうか。彼は自らをソーシャル・デモクラット(社会民主主義者)と呼んでいるように、一貫して、配分の問題に強い関心を持ち続けてきました。『正義の諸領域』において彼は、ある種の多元主義の立場を明らかにしましたが、それは、経済・政治などさまざまな領域ごとに、それぞれ固有の配分ルールがあるはずだという考え方でした。ロールズらがそうした区分をせずに、あらゆる領域をつらぬく共通ルールがあるかのように論じたことへの批判が、ウォルツァーの議論の眼目だったのです。その意味ではウォルツァーは、経済領域における配分がすべてを決定するという立場とは初めから無縁と言えます。さらに、市民社会概念をめぐる最近の彼の一連の議論を見ても、非経済的な争点をめぐるさまざまな集団の形成をも重視していることがうかがえます。それにもかかわらず、あえて彼がエスニシティやジェンダーよりも経済が大事であると言うのは、民族意識などが強まった時に最初に犠牲になるのはつねにユダヤ人などのマイノリティであったという歴史認識と無縁でないように思われます。政治がアイデンティティをめぐるそれに収斂することは、彼にとっては絶対に避けなければならない事態なのではないでしょうか。もちろん、今世紀の経験をふまえるだけでも、われわれも彼の危機意識を理解できないわけではありません。しかし同時に、今声を上げつつあるさまざまなマイノリティの人々の憂鬱が、経済的措置だけによって解消されるとも思えません。金銭の問題ではなく、プライドの問題であるということが多々あるからです。

4　アイデンティティ／差異のディレンマ

以上のようなキムリッカとウォルツァーの議論に、われわれは何を見てとるべきでしようか。本人たちの意図とは別に、両者を並べて見る時、そこに政治的アイデンティティをめぐるディレンマが現れているように私には見えます。キムリッカの場合、マイノリティの政治的代表性を強めるために、アイデンティティの政治を強調するわけですが、そうした戦略はアイデンティティを固定化し、調停不能な対立関係を導入することにもつながりかねません。こり固まった人々の間の泥沼のような争いに道を開きかねないのです。一方、ウォルツァーの場合には、対立を回避するために、アイデンティティの政治を極力抑えようとしますが、それはマイノリティの闘いを不可能にし、現に優勢なアイデンティティの維持に寄与しかねません。つまり、現状を維持し、マイノリティもすでにあるゲームのルールを受け入れておとなしくしていろ、ということになりかねないのです。

アイデンティティをめぐるこのようなディレンマは、これまで、エスニシティ論よりはむしろフェミニズムの世界で指摘されてきました。ジュディス・バトラーは『ジェンダー・トラブル』[10]（一九九〇年）で、ミシェル・フーコーの晩年のセクシュアリテ論などに依拠しながら、ジェンダーもまたつくり出されたものであること、すなわち権力の所産であることを強調し、女性というアイデンティティの自明性を前提にその解放を図ってきた従来のフェミニズムを批判しました。すなわち、男性とか女性とかいう区分があるとみなが思っているのは、そう思わされているだけであるというのです。たしかに、女性というアイデンティティが自明のものであるというのは、身体的特徴に注目するある種の身体決定論なしには言いにくいことです。そして、女性というアイデンティティを強調することは、例えば母性のような、男性から与えられたイメージを自らのものとして引き受け、固定化することにもなりかねません。女性の解放をするつもりが、女性の本質を求めるあまり、女性たちを型にはめ込むことにもなりうるのです。その意味でバトラーの主張はきわめて鋭いものであると言えます。しかしながら他方で、多くのフェミニストたちがバトラーを批判せざるをえなかったのは、女性というアイデンティティを立てないと、女性のための政治的な運動がやりにくいという事情が厳然としてあるからです。ここに一種のディレンマがあります。そしてこのディレンマは、マルクス主義における階級アイデンティティをめぐる過去の論争に対応するものとも言えましょう。労働者/ブルジョワのような二元的なアイデンティティを立てなければ、マルクス主義が運動としての迫力を持つことはなかったでしょうが、同時に、そうした二分法が現実と遊離し、多様な人々を枠にはめる結果になったことも多々あったのはご承知の通りです。バトラー的な議論に対するもう一つの疑問は、ジェンダーというものは、例えば、今日ヘテロセクシュアルな男性であると思い込んでいる私が、明日ヘテロセクシュアルな女性としての自分を選択できるかといえば、必ずしもそうではないという点にあります。ある程度固定的、あるいは慣性が大きいということが言えるでしょう。ただ、明日ホモセクシュアルな自分を見出すということはありうるので、完全に固定的というわけでもありません。実はフーコーも、身体とセクシュアリテとの関係については、バトラーよりは両義的な言い方をしています。つまり、完全に権力の所産とは言わず、身体的基礎もいくらかあるようなことを言っているのです。

ただエスニックないしナショナルなアイデンティティに話を戻すと、キムリッカにしてもウォルツァーにしても、この国で一般的であるような、国民国家の内的同質性を素朴に前提とするような議論とは異なります。キムリッカは「ナショナル・マイノリティ」の概念を導入することで、ネーションを層状にとらえようとしているわけですし、ウォルツァーは内部に一定の差異があることを積極的にとらえているのですから、いずれにしても同一性への強迫観念はかなり薄められているといえます。したがって、例えばこの国のように同質性神話がきわめて強いところでは、両者のアプローチにはそれぞれに学ぶところが多いのです。この国では、ナショナル・アイデンティティにまつわる問題を自我の分裂になぞらえる議論が根強く見られます。「日本は開国と敗戦という形で、二度にわたって欧米にレイプされたために、自我が分裂し、そのために責任ある発言ができない。まず、国のために戦った戦死者を弔うなどの形で自我を確立しなければならない」といった議論です。しかしながら、近代史を通じて植民地化されずに国民国家を維持してきたばかりか、近隣諸国を植民地化さえしてきたこの国民が、マイノリティと同様の問題を抱えているとは言えないでしょう。さらに、右のような議論は、個人の自我というものは当然に一元的で内部に差異を含まないという暗黙の、検証されていない前提を、ネーションのレヴェルに不当に投影している議論にすぎないように思われます。そもそも私という個人が、ある点について自負し、別の点について謝罪したからといって、それで私の自我がただちに崩壊するわけではありません。一生のうちに、過ちを認めたことがない人がいるとしたら、その方がよほど問題でしょう。ネーションも、自慢することは自慢し、謝ることは謝ったからといって、別に矛盾しているということはないのです。まして、ネーションは非常に大きな集団であり、しかも長い時間にわたるものですから、内部にさまざまな差異があって当たり前であり、一枚岩である方がおかしいのではないでしょうか。

こうした同質性神話を打破していくには、マイノリティの文化的な自己主張をもっと強める必要があり、そのためにはキムリッカのようなアプローチを部分的に採用する必要があります。アイヌをはじめとする征服された人々や、在日韓国朝鮮人の相当部分のような強制的に連れて来られた人々の記憶を伝えていくことは、そうしたマイノリティの政治的代表性を強めると同時に、マジョリティの側のアイデンティティの暴走を抑える意味でも重要と思われます。従来の教科書を批判し、新しい歴史教科書をつくるとおっしゃっている方々には、ぜひこのような「教科書に書かれていない歴史」をとりあげ、この国の歴史が単線的でなく、内部に多くの差異を含んでいることを強調していただきたいものです。また、ウォルツァーのような「移民社会」の視点を取り入れることも、事実上急速に移民社会化しつつあるこの国では必要です。経済的には相対的に成功してきたこの国が、合法的な移民をほとんど受け入れることなく、「不法移民」なるものの罰則強化だけを追求している現状は問題だからです。

このように言うと、それならいっそのことネーションという単位そのものをただちに放棄した方が良いのではないかとも思えますが、必ずしもそう行かないところに問題の難しさがあります。ヨーロッパ連合のような試みがなされ、国民国家に代わる枠組みが模索されつつある現在、国民国家という単位が一面において相対化されつつあることは間違いありません。しかし、少なくともこれまでそうした単位が重視されてきたという事実を消すことはできません。ネーションの厄介な点は、これを頭から否定すると、例えば戦後生まれには戦争責任がないということにもなりかねない点にあります。なぜ、日本というネーションの過去に私が特別の関心を持ち、外部から問われた時には答えなければならないのかということが不明となってしまう。これは、アイデンティティを完全に脱構築した時に出てくる最大の問題です。哲学の分野では、デレク・パーフィット[11]らによって、人格というものは時間と共に変わるものだから、五年前の自分、五年後の自分は、現在という時間を自分自身と共有している他者に比べて疎遠なものかもしれないという問題提起がなされました。これは重要な議論であり、個人のエゴイズムを越えて、福祉負担などの社会的協同性を確立するためには説得力のある論理と言えます。ただ問題は、そのように個人のアイデンティティというものを相対化してしまうと、なぜある人の過去の犯罪についてその人の身体を罰することができるのかといった点がいささか説明困難となる点にあります。ネーションのレヴェルでもこれと同様の、主体と責任をめぐるディレンマがあるようです。とりあえず言えるのは、われわれには時間的・空間的なある種の局在性(ローカリティ)があり、そこに縛り付けられているわけではないが、一挙にそこから飛ぶこともできないということでしょう。しかしながら、そうしたローカリティを固定的なものと見なし、塹壕に立て籠もるようにして、外部はつねに潜在的な敵と見なすといった態度は必要ないばかりか、しばしば有害です。時間的・空間的に偶然なローカリティとも言うべきものをとりあえず引き受けなければならないとしても、それを閉ざされたものとせずに、つねに異質なものに対して開き、他との交渉の中で変化するのをおそれないことが重要であると思われます。

キムリッカとウォルツァーは、一見したところ対照的でありながら、同質性/差異という対立を前提とする点で、なお共通しています。キムリッカは、異質なものは極力分離し、間に境界線をつくらなければ共存できないという考え方を示しました。すなわち、異質なものの分離というアプローチです。一方、ウォルツァーが強調したのは、内部に境界線をつくらずに共存するためには、一定の同化が求められるという考え方、つまり同質なものの共存というアプローチでした。先ほどから述べている通り、これらのアプローチは、それぞれが抱える危険を意識しさえすれば、現状批判の道具として一定の有効性を持ちます。ただ、二つのことを念頭に置く必要があるのではないでしょうか。第一に、それぞれの社会の成り立ちによって、あるいはマイノリティの性格によって、両者を使い分け、あるいは混合していく実践的な判断力を鍛えることです。第二に、両者がなお共有している強固な前提、すなわち「異質なものとは共存できない」という前提を疑うポストモダン的な方向性をも、長期的には目ざしていくべきです。これまでの議論で示したように、二つのアプローチは、ある人々を救うために別の人々を犠牲にするという、二分法に共通する限界を持っているからです。そもそも、われわれは本当に、同質的なものとしか同居できないのでしょうか。私自身が内部にさまざまな差異を抱えているというのに、そんな私と本当に同質的な人々や、完全に異質な人々などいるのでしょうか。そのように考えていくことで、われわれは「異質なものとの共存」に向けて半歩ふみ出すことができるかもしれません。寛容と差異との新たな折り合わせ方をさぐるそうした試みが、今求められているように思われるのです。

追記

『政治と情念』(*Politics and Passion*, Yale University Press, 2005) でのウォルツァーの議論には、本文で紹介した議論に比べると、エスニシティやジェンダーの差異をより深刻に受けとめているような記述も見える。スティグマを与えられた無力な集団というものは確かにあるということが、そこでは強調されている。ただし、そうした集団が二級市民としての地位を脱するには、ただ単に「承認」を求めても無理であり、成果を示すことが必要だと彼は言う。そして、そのためには経済的な援助こそ必要だとするのである。アイデンティティ問題をなるたけ経済問題に還元しようとする、彼の「ソーシャル・デモクラット」としての性格がここにも表れている。

同書でもう一つ注目されるのは、「非自発的結社 (involuntary associations)」の重要性に関する彼の議論である。昨今では、NGOなどの「自発的結社」に注目が集まり、国家と区別されたものとしての市民社会に期待が募っているが、彼によれば、それは一方的である。たしかにある民族の一員としてのアイデンティティや、ジェンダー的なアイデンティティなどは、人が自発的に選び取ったものではないが、強制加入団体には強制加入団体なりのメリットがある。容易には「退出」できないような単位だからこそ、人々がその構成員であることに責任を持ち、内部から批判を加え、内側から改良していくことが期待できるというのである。逆に、出入り自由な単位ばかりでは社会は崩壊してしまう。「非自発的結社」がある程度機能しているからこそ、「自発的結社」の活動する余地が生まれるのだ、とウォルツァーは主張する。本書で述べてきたように、筆者も境界線の消失を素朴に夢見ているわけではない。しかし、現状では「境界線の政治」は弱まるどころか強まる傾向を見せているので、対抗的な方向性を示すことが実践的に必要であると

思っている。この点で、筆者とウォルツァーの現状認識の間には大きな隔たりがあるようである。(二〇〇五年)

(1) 拙著『権力論』岩波現代文庫、二〇一五年、第Ⅱ部第五章「アイデンティティと政治」。
(2) Will Kymlicka, *Liberalism, Community and Culture*, Oxford University Press, 1989.
(3) Charles Taylor et al., *Multiculturalism and "The Politics of Recognition"*, Princeton University Press, 1992: 佐々木毅ほか訳『マルチカルチュラリズム』岩波書店、一九九六年。
(4) Will Kymlicka, *Multicultural Citizenship: A Liberal Theory of Minority Rights*, Oxford University Press, 1995: 角田猛之他訳『多文化時代の市民権――マイノリティの権利と自由主義』晃洋書房、一九九八年。
(5) Will Kymlicka, *The Rights of Minority Cultures*, Oxford University Press, 1995.
(6) Symposium on Multicultural citizenship by Will Kymlicka, *Constellations*, vol. 4, No. 1, April 1997, pp. 35-87.
(7) Michael Walzer, *What It Means to Be an American*, Marsilio Publishers, 1992: 古茂田宏訳『アメリカ人であるとはどういうことか』ミネルヴァ書房、二〇〇六年。
(8) Michael Walzer, *On Toleration*, Yale University Press, 1997: 大川正彦訳『寛容について』みすず書房、二〇〇三年。
(9) Michael Walzer, *Spheres of Justice: A Defense of Pluralism and Equality*, Basic Books,

1983：山口晃訳『正義の領分――多元性と平等の擁護』而立書房、一九九九年。
(10) Judith Butler, *Gender Trouble*, Routledge, 1990：竹村和子訳『ジェンダー・トラブル――フェミニズムとアイデンティティの攪乱』青土社、一九九九年。
(11) Derek Parfit, *Reasons and Persons*, Oxford University Press, 1985：森村進訳『理由と人格』勁草書房、一九九八年。

第六章　普遍的なもののヘゲモニー

——エルネスト・ラクラウの政治理論——

現代の政治理論においてマルクス主義の占める位置は、他の人文・社会科学的な分野におけるそれに比べて大きいとは言えない。もちろん、マルクス主義的な観点から政治現象にアプローチした優秀な政治理論家を挙げることは容易であるし、マルクス主義の影響を全く受けたことがない者はむしろまれである。しかしながら、マルクス主義には、何らかの意味での経済決定論がつきまとい、このことが政治学者たちにマルクス主義に対する違和感を持たせ続けてきた。政治のような「上部構造」にかかわる現象が、究極的に「下部構造」に規定されているのだとすれば、政治には自律性がないことになるが、これは、政治現象についての説明を使命と見なす政治学者たちにとっては、受け入れがたい考え方であるからである。さまざまな要因の織りなす複雑な過程として政治をとらえようとする立場からすれば、階級闘争にすべてを還元するかのような見方はいかにも平板なものと映った。そうした立場からすれば、マルクス主義理論が経済決定論を次第に相対化しようと内部批判に努めてきたことは、むしろ当然の成り行きであった。ソ連型社会主義と区別されるものとしてのマルクス主義を確立しようとするマルクス主義者たちの努力にもかかわらず、一九八九年のソ連の崩壊と東欧での一連の事態は、マルクス主義そのものの破綻を強く印象づけるものとなった。そうした中で、二〇世紀の政治理論における最も中心的な考え方であるリベラル・デモクラシーこそが最終的な解であって、これに対抗する理論が出現することはもはやなく、歴史は終焉したという主張さえ現れたのである。(1)

歴史が終焉したかどうかはともかく、マルクス主義的な解放理論のような「大きな物語」が失われたという感覚は一九九〇年代を通じて広く共有された。現状と不連続な状態に一挙に移行する「革命」を信じる人々は、もはや多くない。社会運動のレヴェルでも、階級闘争の一環としてのそれまでの「古い」運動との差異を強調する「新しい社会運動」が出現し、環境やジェンダーといった、マルクス主義のみならず従来の政治理論全般において十分に扱われてこなかった諸問題を、争点として提起するようになった。一元的な解放の図式から多元的な抵抗の構図への移行の中で、これまで「大きな物語」を産出してきた西洋近代の言説に対する懐疑もまた表面化することになる。神の代わりに「理性的」な主体としての人間に期待する近代の政治理論が、主体を形成する権力の問題にいかに無自覚であるかを告発したフーコーの議論は、その一例である。さらに、フェミニズムやいわゆるマルチカルチュラリズム(多文化主義)の側からは、リベラル・デモクラシーを中心とするこれまでの政治理論が、普遍性を標榜するにもかかわらず、結局は西洋の白人男子の政治文化に根ざす特殊なものにすぎないのではないか、という

批判が示されている。(2)

このように普遍的なものに対する懐疑、すなわちすべては空間的・時間的に「偶発的(contingent)」なものであるという考え方が広まる中で、エルネスト・ラクラウの占める位置は一種独特なものである。彼はマルクス主義者の中にあって、「新しい社会運動」をはじめとする多元的な政治主体の登場に対して、最も早く最も鋭敏に反応した一人であった。彼がパートナーのシャンタル・ムフと書いた『ヘゲモニーと社会主義戦略』(一九八五年)は、新しい政治のあり方について論じたものとして広く受け入れられてきた。(3)また、最近の彼はデリダやフーコー、ラカンらの思想に大いに触発されている。にもかかわらず、近年の著作に見るかぎり、ラクラウは多文化主義などの動向に対してはきわめて批判的であり、特殊性に還元できない普遍的なるものの必要性について考え続けているようである。こうしたラクラウの姿勢を、われわれはどう受け止めるべきなのだろうか。本稿では、この一人の自称「ポスト・マルクス主義者」の議論を検討することを通して、「大きな物語」が失われた後の政治理論の位置について考える手がかりとしたい。

1　経済決定論からの脱却

まず初めに、ムフとの共著『ヘゲモニーと社会主義戦略』を中心に、ラクラウがマルクス主義の何を清算し、何を継承しようとしたかを見よう。「ポスト・マルクス主義」という言い方をする時、彼らはそれが新しい政治にアプローチする唯一の道などではないことを強調している。それどころか、マルクス主義理論のほとんどの部分は、新しい事態を前にして放棄されなければならないであろう。にもかかわらず、マルクス主義の中には、捨てられない重要な部分があり、そうしたところを継承するのが「ポスト・マルクス主義」の立場であるとするのである。(4)「ポスト」という接頭辞で、何かに代わって全く別の何かが始まるという不連続的な時期区分をあらわすのでなく、何かが自己批判的に連続的に変容する過程をあらわすという、こうしたラクラウの用法は、「ポスト・モダニズム」という言い方の場合と通じる。しばしば誤解されることだが(そしてそうした誤解を招くような用法も現にあるが)、「ポスト・モダニズム」とはモダンが終わってポスト・モダンが始まるという時期区分を指すものではない。モダンな言説の中の最良の部分は継承しながら、そうでない部分について否定するというのが、そこでの「ポスト」の意味でなければならない。

それではなぜ、われわれはマルクス主義から出発しなければならないのか。もっと別の地点から出発することはできないのか。そんなことはない、とラクラウらは述べる。彼やムフの場合には、たまたまマルクス主義の影響下に思想形成したために、そこから出発するしかないが、他の思想的な背景を持つ人々は、それぞれの場所から出発して、同じような場所に至ることができるだろうと言うのである。実際、マルクス主義からの道のりは、決して特権的なものではないどころか、特有の困難を抱えるものとなる。

というのも、ラクラウがその思想的な営為を通じて、マルクス主義の中から清算しようとするのは経済決定論であるが、これはカウツキーらによって確立されたマルクス主義「正統派」の中心思想にほかならないからである。(5) ラクラウの整理では、「正統派」の経済決定論は、上部構造は下部構造に規定される現象にすぎないという付帯現象説(epiphenomenalism)と、上部構造の内部が一見どんなに多元的であっても結局は階級対立という単一の対立構造に還元できるという還元主義(reductionism)とから成っている。カウツキーらにしても、目前の社会における対立が、ただちに二階級間の対立に還元できない複雑な構造を持つことは承知していた。しかし彼らは、資本主義が発展していけば、やがては社会的な対立が整理され、二極構造に帰着するはずであると考える。「正統派」によれば、革命主体はプロレタリアートという階級と完全に対応する。仮に現在、そうした主体が目に見える形で成立していないとしても、それが成立することは、歴史の必然であるとされたのである。

マルクス主義内部で、こうした「正統派」に対抗する理論的な仕事をした人々として、ラクラウらは何人かの名前を挙げており、最初の一人は、ローザ・ルクセンブルクである[6]。ドイツで労働者階級が議会政治に「取り込まれ」、革命主体として成立しにくいのはなぜかという問題意識から、ある階級が当然に特定の政治的立場を取るという考え方そのものを疑うようになる。彼女は、社会内の政治的立場はつねに多元的であり、これを一元的な対立にまとめ上げていくには、何らかの戦略が必要であるという考え方が前面に出てきた。こうして、しかし結局ローザは、危機的状況が一旦生まれれば、階級毎に主体としてまとまるはずであると考えるにとどまったとラクラウらは指摘する。ベルンシュタインについてもラクラウらは、彼がしばしばそう誤解されたような単なる資本主義との協調論者ではなく、労働者を主体として統一する上での政治の役割を強調したのだ、と積極的に評価している[7]。ただしベルンシュタインは、歴史が発展する方向性についてあまりにも楽観的であり、そこでは政治の能動的な役割はお題目にとどまったとされる。こうした観点からして、ゼネストなどの「神話」の重要性を強調したソレルもまた、労働者という主体をつくる上でのイデオロギーの構成的な役割に注目した者として、かなり高い評価を与えられることになる。しかし、ソレルにしても、「神話」によって形成されるアイデンティティは階級的なものに限られており、その意味では経済決定論の枠組みから出るものではなかったと言うのである[8]。

さて、このような反「正統派」の系譜の延長上に、ラクラウらにとってのポスト・マルクス主義のヒーローとして登場するのが、グラムシである[9]。よく知られているように、グラムシは経済決定論を根本的に見なおし、下部構造が上部構造を規定するのではなく、むしろ上部構造が下部構造を規定するとした。しかも、上部構造について考えるにあたっても、政治社会は「強制の鎧をつけたヘゲモニー」であるとした上で、「強制の鎧」たる軍事的・警察的な権力ではなく、文化的な主導権としての「ヘゲモニー」こそが、全体の帰趨を決するものとしたのである。このヘゲモニーという言葉は、アクセルロートやプレハーノフによって最初に用いられた時には、想定された歴史法則に合わない事態を何とか切り抜けるための戦略という意味で使われた。例えば、ブルジョワジーが弱体なロシアでブルジョワ革命を行うにあたって、本来そうした革命の主体ではないはずの労働者階級が協力することなどを指したと言う。しかるに、レーニンは、さまざまな階級の中で労働者階級が必ず政治的リーダーシップをとるということをあらわすものとして、この概念を「正統派」的な解釈の中に取りこんでしまう。それをグラムシが、あらためてレーニン主義のもとから救い出し、換骨奪胎したというのがラクラウらの考え方である。すなわちグラムシは、政治的に勝利するためには人々の支持を広く集める必要があり、そのためには、どのような政治的な旗印を掲げることができるかが勝負となるとした。グラムシは「陣地戦」という言葉に、もともとの軍事用語とは異なる独特の用法を与えることによって、そうした文化的なヘゲモニーをめぐる争いを表現しようとする。より多くの人々に自分たちの考え方を支持させ、自分たちが提起した種類のアイデンティティを引き受けさせられるかを競うのが、「陣地戦」であるというのである。ここで想定されているのは、敵／味方に分かれて、有利な陣地を取りあうという事態ではない。より多くの人を味方にすることができるかの争いである。誰が敵であり味方であるかをあらかじめ前提とすることはできず、それを決めることそのものが政治であるという、こうしたグラムシの考え方は、たしかにきわめて重要な洞察を含んでいる。ラクラウらが指摘するように、こうした考え方は、「正統派」マルクス主義が「虚偽意識」などと呼んで根本的に疑いの目で見てきたイデオロギーというものに、初めて明確に積極的な意義を与えたものであると同時に、ある種の人々は必然的に特定のアイデンティティを持つという「本質主義(essentialism)」を排し、主体形成は政治的な働きかけによって初めて可能になるという考え方を示したものと言える。

しかしながら、こうしたグラムシの考え方については、一つの疑問が生じるであろう。下部構造でなく上部構造が規定するという考え方は、それでもマルクス主義と言えるのかという疑問である。ノルベルト・ボッビオが指摘しているように、このことはグラムシにおけるヘーゲル受容の問題と関係している。(10) すでにふれたようにグラムシは上部構造を「強制の鎧をつけたヘゲモニー」とするが、この中の「鎧」の部分は政治社会ないし国家とも呼ばれ、「ヘゲモニー」の部分は市民社会とも呼ばれる。そして、この市民社会の部分こそが、国家の部分を規定し、さらには経済をも規定するとするわけである。

こうした考え方が、市民社会をブルジョワ社会と同義に扱い、経済すなわち下部構造と同一視するマルクスのそれと異なることは明らかであろう。一方ヘーゲルは、周知の通り、市民社会の内部に「欲望の体系」としての市場経済と共に、自発的で自然発生的な社会結合としてのコルポラシオンも含まれるとした上で、市民社会全体が官僚機構を伴う国家によって規定されるとしている。このように、グラムシとヘーゲル、マルクスの三者の関係は錯綜している。図式的に言えば、ヘーゲルでは政治―文化―経済の順に規定するが、マルクスでは経済―政治―文化の順に規定し、グラムシでは文化―政治―経済の順に規定するわけである。このように見ると、マルクスがヘーゲルを転倒した以上に、グラムシがマルクスを転倒していることがわかる。マルクスの経済決定論を批判する中で、グラムシはヘーゲル主義に回帰するというよりも、その先に行き着いたようにも見受けられる。しかしながら、ラクラウも述べるように、実際にはグラムシは、依然としてある一点において、マルクス主義の枠組みの中にあるとも言いうるのである。(11) それは、「陣地戦」が結局は労働者階級とブルジョワジーとの二つの陣営の間の戦いに収斂すると考えている点である。当初は社会運動がヘゲモニーを握るとしても、やがては社会階級にヘゲモニーが移り、さらに階級政党という特権的な主体に移行するという見通しを彼は持っていた。したがって、グラムシにおいては、上部構造であるヘゲモニーが下部構造を規定するとしながらも、ヘゲモニー自体が経済的な対立軸の上で争われることが予定されているわけであり、上部構造は完全な独立変数となってはいない。

ラクラウらの見るところ、こうしたグラムシになお残存する経済決定論的な要素は、その後のプーランツァスやアルチュセールらの議論でも完全に払拭されてはいない(12)。たしかにプーランツァスは、封建社会と異なり資本主義社会では政治と経済は分離しているというマルクス自身の議論に依拠しつつ、資本主義国家の相対的自律性を説いた。しかし、彼にあって、国家は経済に規定されないものの、階級によって規定されているとされ、結局ある種の階級還元主義に終わっているとラクラウは述べる。またアルチュセールは、ラクラウらに最も大きな影響を与えた思想家の一人であり、後述するように「重層的決定(overdetermination)」や、「主体位置(subject position)」などの概念は、現在までラクラウらの主要な概念装置となっている。しかし、アルチュセールの「国家イデオロギー装置」論では、国家の中に抑圧機構以外の側面(グラムシのヘゲモニーに近いもの)があることを認めながらも、それを政治の帰趨を決する部分と見なすことはなく、逆に強制権力によってコントロールされる部分としており、この点でアルチュセールはグラムシよりもむしろ後退したとラクラウは言う。

2　ヘゲモニーと分節化

それではラクラウ自身はどう考えたか。トーフィンによれば、一九八〇年頃までは、ラクラウもムフも、基本的にグラムシの考え方をそのまま受け入れており、ヘゲモニーの理解に関しても、ある特定の階級という主体が最終的にはそれを掌握するものとしていた。[13] しかるに、その後、自覚的に現代思想の動向を摂り入れながら、ヘゲモニーの主体についての本質主義を放棄していく。その際、最も重要なのが、ソシュール以来の言語学的思考の導入である。「もの」がそれ自体としてあらかじめ存在し、それに「名前」をつけるのが言語であるという、それまでの言語理解と異なり、ソシュールは、特定の音(シニフィアン)がある概念(シニフィエ)と結び付く時に、シニフィアンが現実を「節合(articulation)」すると考えた。すなわち、現実というものはもともと切れ目なくつながっているが、それが切り取られて特定のシニフィアンと結び付けられた時に、まるでもともと一つのまとまりであったかに見えるようになる、というわけである。そして、同じようなものに別の言語では全く別の音が割り当てられていることからも明らかなように、シニフィアンの選択は恣意的であるとされた。シニフィアン一つひとつの「意味」は、その言語システム内での、他のシニフィアンとの「差異」以外の何物でもない。

さて、このようなソシュール言語学における記号のあり方を、ラクラウは政治的アイデンティティの問題に重ね合わせようとした。(14) 従来のマルクス主義は、社会がもともといくつかの階級に分かれており、それぞれの階級毎にアイデンティティを持つと想定していた。仮に現に目に見える形で分かれていないとしても、潜在的には自明な切れ目があるのであって、危機状況などになれば、そうした切れ目が顕在化することになると考えた。これに対しラクラウは、社会は本来切れ目のない一つの連続体であり、それを何らかのまとまりに分けるのはシニフィアンにかかわる作用、すなわち政治理論の作用によるものとする。人間は不平等などを経験しても、ただちに何らかの政治的なアイデンティティを持つわけではない。そうした不平等などが「抑圧」といった政治的な問題として意識されるようになるためには、政治のあり方についてのある種の説明、つまり「社会的な仮想(imaginary)」が必要である。さまざまな「社会的な仮想」、すなわちシニフィアンが、人々の支持を得ようと相互にヘゲモニーを争い、ヘゲモニーを掌握したシニフィアンは、その社会の再節合をする上で主導権を取ることができる。しかし、言語に本質がないのと同様、こうして確立したシニフィアンの秩序もまたつねに「偶発的」であり、暫定的なものにとどまる。必ず新たなシニフィアンが登場し、またヘゲモニー闘争が始まるからである。ところでそれぞれのシニフィアンは、それが「意味」を持つためには、他のシニフィアンとの「差異」を明らかにしなければならないが、逆にあまりにも「差異」だけを強調したのでは、幅広い支持を得ることはできず、結局ヘゲモニーを取ることはできないというディレンマに直面する。そこで、ヘゲモニー闘争にあたっては、シニフィアン相互の「等価性(equivalence)」に注目し、共同戦線を樹立することが必要になってくるとラクラウは述べている。

このように言語的な記号と政治的アイデンティティとを類比的に考えることによって、ラクラウはマルクス主義につきまとってきた、階級的主体の特権性という考え方をふりはらうことができた。このような理論的な展開は、階級対立に還元できない「新しい社会運動」の噴出といった事態への対応を迫られる中で、どうしても必要なことであったと言えよう。政治的アイデンティティは本質主義的な基礎を持たず、「言説的(discursive)」に構成されたものであるというラクラウの考え方は、新しい政治のあり方を考える上で示唆に富む。しかし、このような考え方に対しては、相異なる二つの方向から批判が加えられることになった。第一は、ラクラウが構造的なものを見失っているという批判である。シニフィアンによる節合には恣意性が伴うとしても、人間ははたしてどのようなアイデンティティでも持ちうるだろうか。たしかに歴史は「偶発的」なものではあるが、従来の経緯というものをそう簡単に覆すことはできない。それまで押し付けられてきたアイデンティティに、人間はある程度縛られるのではないか。そうした、いわば構造的な制約を無視して、何かになりたいと思えば何にでもなれ、あるアイデンテイティを信じればそれを得ることができるかのようにラクラウらが説いているのだとすれば、それは市場万能主義の新・自由主義と変わらないのではないか。このような疑問が、例えば人種差別の問題に敏感なカルチュラル・スタディーズのスチュアート・ホールらから示された。(16)『ヘゲモニーと社会主義戦略』の頃まで、ラクラウはムフと共に、こうした問題を、基本的にアルチュセールの枠組みの中で考えていたと言うことができる。アルチュセールは、先にもふれた通り、経済決定論を完全に捨てることはなかったが、経済的な「構造的位置(structural position)」による規定の仕方は一義的ではなく、社会の領域毎にさまざまな「重層的決定」であるとし、さらに、それぞれの場で各人の主体性、すなわち「主体位置(subject position)」の取り方についての自由を発揮する余地があると考えた。こうしたアルチュセール＝ラクラウ的な考え方は、それ自体両義的なものであるが、最終的に経済の規定性を考えるところでも、また、主体の自由を限定つきながら認めるところでも、ホールのような議論とはすれ違うことになった。

ラクラウの主体概念に対しては、全く逆の方角からも批判が加えられた。それは、スラヴォイ・ジジェクからの、はたして主体なるものは成立するのか、という批判である。(17)ジジェクはラカンの影響の下に、主体というものはいわば一種の空虚な「欠落(lack)」でしかありえないのではないかと述べる。もしも主体というものが、構造に対して働きかけて、構造を分節化できるようなものであるとすれば、主体は構造の外部になければならないが、それは無理である。そこで、構造そのものにもともと欠落があり、完全に閉じていないと考え、そうした欠落を主体と呼ぶことにしようというわけである。そのように考えると、シニフィアンによる「主体化」の過程、すなわちさまざまな主体位置をある特定のシニフィアンと同一化させようとする努力は、結局はつねに失敗することになる。構造の中に空いている、この主体という欠落を埋められるようなシニフィアンはついに現れない。言い換えれば、いかなる節合の試みも、つねに不完全なものに終わる。このようなジジェクによる批判をきっかけに、ラクラウはラカンを本格的に研究するようになる。『エマンシペーション(ズ)』に代表される近年の彼の議論は、そうした文脈で形成されるのである。

3　普遍と特殊の媒介

一九九六年の論文集『エマンシペーション(ズ)』を繙いた読者は、それが「解放(emancipation)」の論理的な不可能性についての考察から始まっていることに驚かされる(18)であろう。一般に解放という概念は、ある社会が一つの状態から別の状態へと全面的に変化するという考え方を伴う。しかし、もし本当の意味で異なる、何の共通点もない状態に移行したのだとすれば、すなわち解放前後の社会の関係が相互に完全に異質(他者的)であるとすれば、両者を比較することは無理となり、解放論という一つの言説で両者について同時に語ることはできなくなるはずだとラクラウは指摘する。このことは、解放前の社会における敵対性の問題とも関係している。通常、解放前の社会には、抑圧者と被抑圧者の間に越えがたい亀裂が存在するものとされ、そうであるがゆえに解放が要請される。しかし、もしこの亀裂が完全な敵対性であったとすれば、そもそも両者を含む一つの社会が成り立っていたとは考えられないし、逆に、両者の関係が交渉可能な程度の対立であったとすれば、今度は解放の必要性が不明確となる。このように、解放論的な言説は、一方で不連続性を強調しながら、他方で不連続面を越えた全体について語らなければならないというディレンマを抱えていると言うのである。

キリスト教は、世界史を善悪という越えがたい二陣営の間の対立と見なした上で、やがてそうした亀裂が消えて完全な世界があらわれるという、典型的な解放論を展開した。そこでまず問題となるのは、全能の神が創造した世界に、なぜ悪が存在するのかという点であった。これは、神の全能性を脅かしかねない危険な問題である。もしも神が悪をつくったのであれば、神は全面的に善とは言えなくなるし、逆に神が悪をつくったのでないとすれば、神は全能ではなくなってしまうからである。この困難な問いに対して、キリスト教は、神が人間に試練を与えたといった苦しい説明しかできなかったとラクラウは指摘する。さらにもう一つの重要な問題が、解放を担う「救済者」の地位にかかわって生じる。救済者の仕事は普遍的なものであるが、救済者そのものは有限である。キリスト教は、この架橋困難な二つのレヴェルを、人間の有限な理性ではとらえられない、神の直接的な啓示による表象というものを想定することで、何とか結びつけようとした。

ところが、そのように理性以外の領域で普遍性を保障する神がいなくなった近代において、なおも普遍性を考えようとすれば、人間の理性の範囲でそれを基礎づけなければならなくなる。(19) そのため、典型的な解放論としてのマルクス主義においては、亀裂の存在、すなわち社会の不透明さは、上部構造における表象の歪み(虚偽意識)として処理される。そして、下部構造による歴史の展開の結果として、歴史が完全な状態に到達した時には、それまでの苦しみの合理性が明らかになるとされる。世俗的な終末論としてのマルクス主義は、解放の主体としてプロレタリアートを想定するが、その際、もはやキリスト教におけるような媒介は必要としない。キリストへの受肉によって、普遍的なものと特殊なものとが結びつくとするキリスト教の場合と異なり、マルクス主義におけるプロレタリアートは、初めから特殊でありつつ直接に普遍を体現するものと想定されているからである。しかしながら、ラクラウによれば、こうしたマルクス主義の解放論は破綻せざるをえない。先に述べたように、もし解放前の社会的な対立が根源的なものであるとすれば、社会の全体性は成り立たず、解放もまた不可能になる。逆に、解放前の社会が解放の主体を生みうる程度のものであったとすれば、解放以前の社会における抑圧はそれほど大したことがなかったことになり、解放する必要性は減るからである。

ところで、このこととの関連で、デリダがマルクスについて初めて本格的に論じた『マルクスの亡霊』に対するラクラウのコメントが注目される。[20] マルクスは、『資本論』の商品の物神性についての部分で、商品は人間の社会関係の投影であり、すなわち一種の幻影であるにもかかわらず、それがあたかも「物」であるかのようにふるまうことを、亡霊の「取り憑き」になぞらえた。存在であり、同時に非存在でもあるという亡霊のあり方に注目するこうしたマルクスの「亡霊学(hantologie)」とも言うべきものは、概念はすべて亡霊であるという形で、存在論(ontologie)に対する根本的な脱構築に向かいうる可能性を含んでいたとデリダは述べる。ところがマルクスは、資本主義社会では亡霊が徘徊しているが、来たるべき社会では亡霊は消滅するとして、折角の亡霊学の可能性を封じ、存在論に戻ってしまったと言うのである。このようなデリダの議論を紹介した上で、ラクラウは、デリダの立場に基本的に賛成であると言う。ところが、彼は、デリダの亡霊よりはもう少ししっかりとしたアイデンティティを持った、ある種の「身体」によるヘゲモニー争いを考えなければならないとする。こうしてラクラウは、先に見たように、普遍的なるものを体現する主体という考え方が論理的に困難であることを承知しながらも、デリダほど徹底した主体批判に向かうことを拒否するのである。それは、ラクラウによれば、「根拠の死は普遍的なものの死につながり、社会的闘争が単なる特殊主義に解消することにつながるように見える」にもかかわらず、普遍的なるものの論理的不可能性が、ただちに社会的不可能性を意味するものではないからである。仮に普遍的なるものが不可能であるとしても、他方で特殊的なるものがそれ自体として成立することもまた不可能である以上、普遍性への希求を放棄するわけにはいかない、とラクラウは主張する。

すでにふれたように、一九九〇年代にはさまざまな形で、普遍的なるものへの懐疑が示されてきた。これに対しラクラウは、以下に整理できるような理由づけで、純粋な特殊主義への傾斜は破綻すると言う。第一に、もしそれぞれの特殊性を重視するあまり、何でもよいとすれば、多元性を認めない全体主義的な勢力なども認めなければならず、結果的に自らの首をしめることになる。第二に、いかなる特殊なものも存続する権利を有するという考え方は、結局普遍的な権利要求にすぎない。第三に、特殊なものを強調しすぎると、相互の比較が不可能なので対立軸がなくなり、それぞれのアイデンティティを維持し続けることさえ困難になる、と言うのである。ラクラウによれば、文化の特殊性を強調する多文化主義は、あまりに閉ざされたものとなれば、マイノリティによる自発的な「アパルトヘイト」に終わる。他のアイデンティティとの等価性を認めず、いたずらに独自性のみを強調するようなアイデンティティは孤立主義であり、むしろ他のアイデンティティとの等価性に注目し、ヘゲモニーを追求していくべきである、というわけである。[22]

ラクラウによれば、多文化主義のような言説が袋小路に入ってしまうのは、普遍か、さもなければ特殊かという選択をするからであり、特殊を成り立たせる普遍というものを考えることで、活路が見出されると言う。ここで彼は、「空虚なシニフィアン(empty signifier)」、すなわちシニフィエを伴わないシニフィアンという概念を導入する。[23]これは、単に特定の文脈にしばられない、応用が利くシニフィアンという意味ではない。差異のシステムとしての意味作用全体の限界を指し示すようなシニフィアンなのであり、それ自体は何の意味も持ちえない空虚なシニフィアンであるとする。ラクラウによれば、さまざまな政治的立場は相互に差異を持つが、同時にある共通項をも持っており、だからこそ、比較することが可能である。一方、そうした文脈に入ってこない、根本的な他者としての政治的立場が存在する。そうした他者を排除することによって初めて、政治的な空間の全体性というものは成り立っているというのである。例えば、きわめて無秩序な状態があらわれたとすれば、秩序であれば何でもよいという点で、すべてのシニフィアンがまとまりうるだろう。そこでは、「秩序」が空虚なシニフィアンとなり、「秩序」の外部、すなわち無秩序状態が排除されることになる。もちろん、ひとたびある空虚なシニフィアンが成立しても、それは永続的なものとはならない。状況が変われば必ずまたヘゲモニー争いが起こることになるとラクラウは指摘する。同様の言い方は、ムフの『政治的なるものの再興』にも見られる。[24] 政治とは友／敵間の対立であるというカール・シュミットの命題を薄めた形で導入しながら、ムフは、政治的に対立する陣営は、破壊すべき「敵(enemy)」ではなく「好敵手(adversary)」と見なされなければならないとし、それら好敵手の間のヘゲモニー争いこそを政治と呼ぶ。ところが、そのように、同じシステムの中に入っているもの相互は差異を尊重し合えるのだが、そもそもそうしたシステムが成り立つには、システムから排除されるべき「構成的外部(constitutive outside)」の存在が必要になると言うのである。[25] スミスも指摘しているように、このようなラクラウやムフの考え方は、ラカンやラカン主義者であるジジェクの立場に近い。ラカンの精神分析的な観点からすれば、主体はもともとあるわけでなく、混沌の中で、どうにかして秩序を求める「主体の欠如」としてある。こうした要求にもとづいて主体はもがき、鏡に映った自分の姿を本当の姿と思いこんで何とか安心することになるのである。[26] このような、空虚なシニフィアンという考え方の政治的な含意については、後に検討することにする。

ラクラウによれば、空虚なシニフィアンのような考え方は、従来の政治理論にはほとんど見られない。プラトン以来の存在論の中にそうした概念の居場所がないことは言うまでもないが、ホッブズのように一見かなり近い議論をしている場合でも、その内実は異なるとするのである。[27] ホッブズは自然状態論で、何が何でも秩序が欲しいという状態を描き出した。そして、秩序が欲しいという一点で、さまざまな人々が結びつき、権力が樹立されるとした。ここまではラクラウらと同じである。しかしホッブズの場合には、一度空虚なシニフィアンが成立すると、それが固定化されると主張した点が問題とされる。ヘーゲルの場合にも、空虚な場所は結局世襲君主の指定席となっており、ヘゲモニーの移動はそこで終わってしまう。マルクスにおける解放のドグマについては、すでにふれた。

ラクラウらにおいては、こうした秩序の交代可能性についての議論が、デモクラシー論と結びついている。つねに新たな秩序をつくり直すという政治的ラディカリズムの契機を確保することは絶対に必要なこととされ、それはデモクラシーという政治体制においてのみ実現されるとするのである。この文脈で、「脱構築」の限界についてのデリダの議論、すなわち、つねに新しい「他なるもの」に対して開かれているという意味での「メシア的なもの」への期待だけは否定できないという議論に、ラクラウは共感を示している。[28] ラクラウによれば、世俗化した現在において、空虚なシニフィアンを最終的に埋めるものが決して現れず、ヘゲモニー競争が無限に続くからこそ、デモクラシーは政治体制として要請されるのである。ムフも同様に、デモクラシーはつねに「来たるべきデモクラシー(démocratie à venir)」であるというデリダの言葉を引用している。[29] このようなデモクラシーの規定の仕方は、他者性の間の「アゴーン的競争」の場としてデモクラシーを要求する、コノリーらの考え方とも通ずるようにも見えるが、[30] ラクラウらの場合には、代表制についての独自の議論があるので注意を要する。一方で彼らは、誰かが誰かの意思を代表するということの不可能性を認める。代表にはつねに不透明な部分がつきまとう。しかしながら、だからといって代表制を否定してはならない。代表にはもう一つの重要な機能があり、それは、人々のアイデンティティを形成すること、すなわち節合の機能である。代表されることによって、初めて断片化されたアイデンティティがつながり、政治的な力を持ちうる側面もあるのだ、というわけである。このような議論を見ると、「ラディカル・デモクラシー」という言葉を使いながら、ラクラウやムフのデモクラシー論が、参加民主主義傾向の強い多くのラディカル・デモクラシー論者のそれとは異なることがわかる。[31] 彼らの議論は、政治家の交代をデモクラシーの最も重要な要素と見なす、シュンペーターのデモクラシー論の方に近いのである。そして、このことは、ヘゲモニーを確立しなければ何も始まらないという、ラクラウらの政治理解の本質と関連している。

4 批判

以上に紹介してきたラクラウの議論は、解放の物語が失われた現在でも、依然として本質主義的な主体の概念に固執しようとしている政治理論(それは、必ずしもマルクス主義的な政治理論に限られない)が多い中で、示唆に富むものである。しかし、そこには依然としていくつかの問題点を指摘せざるをえない。第一に、ヘゲモニーについての彼らの考え方は、ある種の非常に狭い政治観にもとづくものではないだろうか。ラクラウが空虚なシニフィアンや構成的外部といった概念を導入した背景に、ラクラウが政治的に深く関わった、一九六〇年代から七〇年代にかけてのアルゼンチンにおける事態があることは明らかである。軍事政権を構成的外部とすることで、抑圧された諸勢力の間に、それぞれの間の差異を乗り越えた形で連携が生じ、それを束ねる象徴としてペロンが選ばれたが、このペロンこそがまさに空虚なシニフィアンの典型であったと言う。(32)これに加えて、特に八〇年代以降のラクラウにとって、ヘゲモニーの典型的な例としてあらわれたのは、サッチャリズムであった。(33)サッチャー以前のイギリス政治は、長い間、階級対立を基礎とする保守党・労働党の対立によって規定されてきた。しかるにサッチャーは、新しいシニフィアンによって従来の保守党支持層とは異なる層の取りこみに成功し、長期政権を維持した。このような、まさにヘゲモニー的とも言える戦略が、彼自身の政治的立場とは相容れない側によって実施されたことは、まさに痛恨であったであろう。そして、この経験が、「左派」によるヘゲモニー奪取の必要性を、彼にますます意識させるようになったことは想像にかたくない。しかしながら、ヘゲモニーという概念を、議会政治における政権の獲得・維持と不可分なものと見なすことは、はたして妥当だろうか。たしかに、政権の交代に直接結びつくような、世論の短期的な変化に注目することも重要であろうが、政治的な変化はそれに尽くされるものではなく、もっと長いタイムスケールで見なければならないような、政治文化の構造的な変化もある。その意味では、ある時点での政権争いとは別のところで、ヘゲモニー争いが展開していることもありうるのではないか。ヘゲモニーを政党政治や議会政治の場に限定する考え方の下では、さまざまな社会運動やＮＧＯ／ＮＰＯの活動などは、それが政党に組み入れられ与党化しないかぎり、政治的に無意味であるということになってしまうが、これは現在の政治においてアソシエーション的なものが果たしている役割を過小評価するものと言うほかない。先にもふれたように、ラクラウらは代表制に期待するところが大きいが、発達した産業社会においては、複雑化した社会の諸争点を代表が十分に表象できないからこそ、直接民主制的な制度や単一争点的な政治勢力による問題提起が見なおされつつあるのである。フーコー的に言えば、ミクロな権力に対しては、それぞれの現場で抵抗する以外にはない。しかるにラクラウのヘゲモニー論は、マルクス主義のさまざまなドグマを清算してきた現在でも、権力中枢を奪取すれば政治を一挙に変えられるという、レーニン主義的な権力観を維持しているのである。

第二に問いたいのは、ラクラウが用いる「空虚なシニフィアン」や「構成的外部」という概念の意味するところである。ホッブズが自然状態との対比によって秩序を輪郭づけようとしたことや、革命という象徴がさまざまな政治勢力の「等価性」を糾合しうることなどに注目するラクラウの議論は、非常事態における「われわれ」の形成を「政治的なるもの」の本質と見なすシュミットの議論にきわめて近いと言わざるをえない。先にもふれた通り、パートナーであるムフは、この点に関して、差異を含んだ政治的システムの中の「好敵手」的なおだやかな対立関係の部分にシュミットの友／敵関係を応用する。しかし、実は、そうした政治システム全体の外部にある(とされる)「構成的外部」とシステムとの関係こそ、まさにシュミットのいわゆる「彼ら」と「われわれ」の敵対的な関係に該当するのではないか[34]。システム内の差異の関係が「言説的」なものであるとすれば、システムとその外部との関係は、定義上、言説的なものでなく、暴力的なものとならざるをえないが、ラクラウらはこの点についてあまりにも寡黙である。空虚なシニフィアンによって、構成的外部を排除してシステムをつくると言う時、ラクラウらは一体どのような事態を想定しているのであろうか。空虚なシニフィアンによって統合される範囲が、国民という単位と一致しなければならない必然性は、特に論じられていない。言語的な共同体と一致しなければならないということも、一応ないと言えよう。しかし、その内容が問われることなく、単に多くの人を集めればよいというのであれば、空虚なシニフィアンとして「民族」を用いていけない理由も、ラクラウの議論の中には存在していないのである。この点で、空虚なシニフィアンという議論は、事実上「われわれ」として形成された政治的単位を追認するものに終わる危険性がある。もちろん、「構成的外部」について述べる時、ラクラウらが実際に想定しているのは、例えばラテン・アメリカの軍事政権であり、ナチスであるだろう。同じ平面上の差異として相互に認め合うことができないような「他者」だけは排除しなければ、政治的な討論を安心して始められないというラクラウらの考え方を、正面から否定することはむずかしい。しかし、問題は、どこまでが「他者」であるかを決める基準はどこにも存在しないことにある。ナチスを排除するのに異論は少ないとしても、例えばイスラムについてはどうなのか。ラクラウらの「構成的外部」論は、西洋文化と政治的な語彙を共有しない異文化を排除するような議論につながりかねない。

この点に関連して、第三に、ラクラウの特殊主義批判の妥当性が問題とならざるをえない。たしかに、多文化主義のように特殊性を強調する議論が、閉ざされたものとなれば、民族主義の最悪の形態と同様に危険なものとなりかねないというラクラウの指摘は正しい。しかし、スミスも指摘しているように、実際にはそこまで独善的な多文化主義運動は少なく、むしろ西洋文化の側の過剰反応と見られるような対応が多いのである(35)。マイノリティが独善性に陥ることも確かに危険だが、そればかり叩いていると、現にヘゲモニーを握っている側の独善性を野放しにしかねないのであって、ここに多文化主義批判に伴う陥穽があると言わざるをえない。すでに紹介した通り、ラクラウは西洋文化の普遍性を素朴に前提とするような論理とは無縁であるが、にもかかわらず何らかの普遍性がつねに存在しなければならないと信じている。結局彼は、普遍性を時間的に限定されたものとし、また「構成的外部」の排除で空間的にも限定することによって、存在論的なドグマとは無縁な形で普遍性を生き長らえさせようとする。神から下降した普遍性は、ついにシュンペーター的デモクラシーにおいて交代するヘゲモニー的な主体に「受肉」することになる。しかし、ここに、キリスト教やマルクス主義の場合のような目的論が存在しないかどうかは、いささか微妙である。西洋文化との異質性を唱えるマイノリティらに、ラクラウは次のように助言している。西洋起源の価値を、それが伝統的に支配的な集団の価値だったという理由で拒否するのは得策でない。それより、西洋起源の価値と支配的な集団(西洋人)との結びつきは偶発的なものであったと考えるべきである、と。この言い方は、普遍的な意味を持つ発展傾向が、西洋においてのみ発生したのはなぜかを探りたいという、マックス・ウェーバーの有名な言葉と何と似通っているだろうか。西洋起源の価値と西洋人との関係が偶発的であることを殊更に強調するのは、西洋起源の価値が特殊的なものでなく、普遍的なものであると考えているからであろう。もしもラクラウが、ヘゲモニーの交代について言葉通りに考えており、今後の展開は未定であるとしているなら、西洋起源でない価値が普遍的なものとなり、西洋人がそれを受け入れるよう慫慂されるという事態も視野の中に入ってくるはずであるが、そうした形跡は認められないのである。ラクラウは西洋において実現してきたいくつかの価値の普遍性を疑っていない。したがって、順次交代する空虚なシニフィアンなるものも予め区切られた範囲の中で浮遊しているにすぎず、歴史は結局はある方向に向かうことになる。このような考え方は、ラクラウによる度重なるヘーゲル批判にもかかわらず、ある種のヘーゲル主義の残像を伴うと言わざるを得ない(36)。ラクラウの政治論が、決してとどまることのない動的な過程を描きながら、どこか「歴史の終焉」に似た倦怠感を漂わせているのもそのためであろう。そして、それは、先にふれた「構成的外部」論と関係している。構成的外部の排除を前提とする以上、システム内の再節合がいかに繰り返されようとも、システム全体とその外部との間の境界は、あらかじめ決められているからである。特殊的なるものを成り立たせるには、まずもって普遍的なるものによって全体性が形成されなければならないという、こうしたラクラウの考え方は、一神教における正統と異端の争いが、異教の排除を前提としている構造と同じである。しかし、どこまでが異端であり、どこからが異教であるかの境界線がつねに恣意的なものにすぎないように、政治的な言説空間を内部と外部に区切ろうとするラクラウのやり方も、恣意的なものとなるほかはない。たしかにわれわれは、さまざまな限界にもかかわらず、リベラル・デモクラシーをはじめとする西洋近代の遺産の多くを必要としている。しかし、まさにムフがシュミットと共に強調しているように、リベラリズムとデモクラシーの結合そのものが偶発的であるとすれば[37]、全く異質なものと結びつくことで、リベラル・デモクラシーが新たな展開を遂げる可能性はつねに開かれているのではないだろうか。ラクラウ的な普遍主義は、こうした可能性を真剣に考慮しないかぎり、普遍主義を標榜する特殊主義に転化しかねない危険性を秘めていると言えよう。

（1）Francis Fukuyama, 'The end of history', *The National Interest*, 16, summer 1989.
（2）本書第五章「寛容と差異——政治的アイデンティティをめぐって」を参照のこと。
（3）Ernesto Laclau & Chantal Mouffe, *Hegemony and Socialist Strategy: Towards a Radical Democratic Politics*, Verso, 1985(以下、ＨＳＳと略記)：山崎カヲル・石澤武訳『ポスト・マルクス主義と政治——根源的民主主義のために』大村書店、一九九二年。その後、西永亮・千葉眞訳『民主主義の革命——ヘゲモニーとポスト・マルクス主義』ちくま学芸文庫、二〇一二年。
（4）HSS, pp. 3-4.
（5）ibid., p. 14f.
（6）ibid., p. 10.
（7）ibid., p. 29f.
（8）ibid., p. 36f.

(9) ibid., p. 65f.

(10) Norberto Bobbio, 'Gramsci and the Concept of Civil Society', in John Keane ed., *Civil Society and the State*, Verso, 1988.

(11) HSS, p. 136.

(12) ibid., pp. 82–85, 97f.

(13) Jacob Torfing, *New Theories of Discourse: Laclau, Mouffe and Žižek*, Blackwell, 1999, p. 29f.

(14) Laclau, *Emancipation(s)*, Verso, 1996, p. 37f.

(15) HSS, p. 105f.

(16) Stuart Hall, *The Hard Road to Renewal: Thatcharism and the Crisis of the Left*, Verso, 1988.

(17) Slavoy Žižek, 'Beyond discourse analysis', in Laclau ed., *New Reflections on the Revolution of Our Time*, Verso, 1989, pp. 249–260: cf. Žižek, *The Sublime Object of Ideology*, Verso, 1989.

(18) *Emancipation(s)*, pp. 1–9.

(19) ibid., p. 10f.

(20) ibid., p. 66f. cf. Jacques Derrida, *Spectre de Marx*, l'Édition Galilée, 1993.

(21) *Emancipation(s)*, p. 12.

(22) ibid., pp. 26–35.

(23) ibid., p. 36f.
(24) Chantal Mouffe, *The Return of the Political*, Verso, 1993: 千葉眞・土井美徳・田中智彦・山田竜作訳『政治的なるものの再興』日本経済評論社、一九九八年。
(25) ibid., p. 85.
(26) Anna Marie Smith, *Laclau and Mouffe*, Routledge, 1998, p. 74 f.: cf. Žižek, op. cit., p. 75.
(27) *Emancipation(s)*, pp. 43-45; pp. 61-63.
(28) ibid., p. 73f.
(29) Mouffe, op. cit., p. 8.
(30) William E. Connolly, *Identity\Difference: Democratic Negotiations of Political Paradox*, Cornell University Press, 1991: 杉田敦・齋藤純一・権左武志訳『アイデンティティ／差異――他者性の政治』岩波書店、一九九八年。
(31) ラディカル・デモクラシーについての邦語文献として、千葉眞『ラディカル・デモクラシーの地平――自由・差異・共通善』新評論、一九九五年：ダグラス・ラミス著、加地永都子訳『ラディカル・デモクラシー――可能性の政治学』岩波書店、一九九八年などがある。
(32) *Emancipation(s)*, pp. 54-56.
(33) Hall, op. cit.: なおボブ・ジェッソップはホールに対し、たしかにサッチャー政権は持続したが、世論調査ではサッチャーの政策自体は不人気であったと指摘した。cf. Bob Jessop et al., *Thatcherism*, Polity Press, 1988.
(34) Carl Schmitt, *Der Begriff des Politischen*, Zweite Auflage, Duncker und Humblot, 1932:

田中浩・原田武雄訳『政治的なものの概念』未來社、一九七〇年。

(35) Anna Marie Smith, op. cit., p. 191f. さらに、スミスも指摘しているように、ホールやポール・ギルロイのようなカルチュラル・スタディーズの理論家たちも、エスニックなアイデンティティを絶対化する危険性については承知している。cf. op. cit., pp. 95–97: Paul Gilroy, *The Black Atlantic: Modernity and Double Consciousness*, Harvard University Press, 1993.

(36) ラクラウの議論とヘーゲルとの関係に注目したものとして、Nathan Widder, 'What's Lacking in the Lack: A Comment on the Virtual', unpublished paper, 1998 がある。

(37) Mouffe, op. cit., p. 110.

第七章　契約と闘争

——新しい戦争か？——

はじめに

二〇〇一年九月一一日の大規模テロ事件(九・一一)以来、世界には戦争をめぐる言説があふれている。マス・メディアは、攻撃・報復・作戦・敵など戦争に由来する言葉を際限なく繰り返す。これは、事態の本質的な変化を示しているのだろうか。

たしかに、ある視点からすれば、それは大きな変化である。冷戦終結直後、「歴史の終焉」(1)(フランシス・フクヤマ)ということが言われた。イデオロギー対立が最終的に終了し、リベラル・デモクラシーが勝利したので、もはや本質的な対立はなくなったというのがその主旨であった。もっとも、フクヤマは地上から戦争がなくなると言ったわけではない。戦いはいろいろと起こるだろうが、それらは東西対立のような重要な思想的な意義を持つものではなくなると言ったにすぎない。しかしながら、こうした議論は、冷戦終結と共に、少なくとも豊かな北側は、戦争の恐怖から解放されたのではないか、という時代の気分を反映するものでもあった。そうした気分にひたっていた多くの人々からすれば、九・一一はまさに寝耳に水であった。夢は思ったよりはるかに短く、平和な生活が、突然の攻撃によって破られたという感覚だったのである。このテロがアメリカの一部のメディアで真珠湾攻撃になぞらえられたことは、きわめて象徴的である。それは、平和から戦争への不連続的な転換であるととらえられた。

これに対し、九月一一日以前から戦争は続いていた、という考え方もある。今回の戦争の背景に、パレスチナ問題へのアメリカの対応をはじめとする、同国の世界戦略に対する根強い反発があるという見方からすると、パレスチナなどでずっと続いていた戦闘が、ごく一部飛び火してアメリカ本土に持ち込まれたにすぎない、ということになろう。こうした見方と関連して、サミュエル・ハンチントンのいわゆる「文明の衝突」(2)が、一種の予言の書として扱われることにもなった。彼によれば、世界にはさまざまな文明があり、相互に相容れない。とりわけ、イスラム教対ユダヤ・キリスト教という対立は本質的な対立であり、しかも熾烈で暴力的なものとならざるをえない、としたのである。この論文が雑誌に発表されるや、轟々たる批判が沸き起こった。それはイスラムを過剰に敵視する議論であって、実際には文明間の対話が可能であるという批判が多かった。こうした批判は、最近では、沈黙させられるか無視されているようである。一見したところ、ハンチントンの予言が的中したようにも見えるからである。

フクヤマとハンチントンのどちらが正しかったのか。どちらでもない、というのが私の立場である。世界が、内部に何の対立もないような、一枚岩的な世界になることはありえないし、どの対立軸が思想的に重要であるかをあらかじめ判定できるとするフクヤマの議論には、根拠がない。彼のように、歴史がある目的に向かって進んでいると考えなければならない義理はわれわれにはない。一方、対立が必ず残ることを強調した点では、ハンチントンは正しい。彼が間違っているのは、その対立を固定的なものと見なしたことである。いわゆるユダヤ・キリスト教社会と、いわゆるイスラム社会との間の境界線を強調する根拠は薄弱である。他の境界線が引かれうる余地はいくらでもある。いや、実際に、それ以外の境界線がますます強化されつつあるのが、現在の世界であるとも考えられる。ハンチントンの議論の眼目は、ユダヤ・キリスト教文明というくくり方にある。東アジアの儒教文明と日本文明とを区別するほどの彼が、ヨーロッパから北アメリカ、イスラエルまでを一くくりにするのは、いかにも杜撰に見える。その内部にも、いくらでも差異を発見することはできるし、実際、英語圏とフランス・イタリア語圏などの間には、さまざまな差異がある。にもかかわらず、彼がこれを一くくりにするのはなぜか。それは、パレスチナ問題にかかわっていると考えざるをえないだろう。実際には、歴史上、ユダヤ教とキリスト教の間には、まさに熾烈な対立が繰り返されてきた。ユダヤ人の国家建設を目指すシオニズムが生まれ、イスラエルの建国に至ったのも、キリスト教徒による弾圧があったからである。パレスチナ問題には、そうしたユダヤ教とキリスト教との対立のツケを、イスラム教徒が払わされているという構図もある。ハンチントンにとって、こうした図式が前面に出ること、すなわちキリスト教とユダヤ教との間の亀裂が明るみに出ることはどうしても避けたい事態である。彼がユダヤ・キリスト教文明の一体性を自明であるかのように論じ、イスラムとの敵対を強調するのは、そのためであるように思われる。

ここでは、戦争が急に始まった例外状況であるという見方はとらず、すなわち、戦争と平和とを区分する安易な二分法はとらず、政治における対立の契機という意味では、戦争は常にあるという見方を示したい。同時に、そうした非対称的な対立関係を、もっぱら国家間(ないし「文明」間)のものと見なすような考え方を批判する。その上で、今日の戦争が、生活や安全への欲求に深く根ざし、むしろそれによって生み出されているという一種逆説的なメカニズムを見ていきたい。

1　契約論について

日本の戦後政治学では、政治における対立の契機の重要性はあまり強調されてこなかった。政治学的な議論の主流は、対立よりも、合意形成の可能性を重視したのである。その際、社会契約論が使われた。ホッブズやロック、ルソーなどによって、それぞれの形で展開されたこうした議論が、熱心に研究された。しかも、それは単なる学問的な関心だけでなく、目の前の政治に対する強い実践的な関心によっても支えられていたので

ある。(3)

社会契約論について、ここで詳しく展開することはできないが、それは何らかの無秩序状態、あるいは秩序のレヴェルが低い段階から、秩序のレヴェルが高い段階への不連続的な移行を、人々の間の契約によって説明する議論である。前者、すなわち無秩序に近い段階が自然状態、後者、つまり秩序が社会状態などと呼ばれる。ここで重要なのは、はじめから秩序があるのでなく、人々が意識して秩序をつくり出す、とされる点である。しかも、その際、それぞれの人が少なくとも一回は同意した、ということが強調される。こうして一旦秩序ができると、人々は、それを自ら合意してつくり出した以上、それを尊重する、一種の法的な義務のようなものを負うものとされるのである。ただし、一口に社会契約論と言っても、一筋縄では行かない。どんなことがあっても二度と秩序を解体してはいけない、どんなひどい秩序でも自然状態よりはましであるとしたホッブズのような議論と、秩序が良くない場合にはつくり直してもよいとしたロックのような議論の間には大きな開きがある。しかし、いずれの場合でも、人々が、自由な主体として同意したということが、人々に秩序を尊重させるための根拠になっているのである。

日本でこのような議論が熱心に研究されたのは、大きく二つの事情によるものと考えられる。一つは、天皇制との関係である。無謀な戦争に駆り立てられ、アジアを侵略し、国の内外に惨禍をもたらすことになったのはなぜか。その一つの起源は、神話に基礎を置き、神の子孫とされる天皇を中心とする政治原理にあったのではないか。こうした観点から、人々が自ら自発的に秩序をつくるという契約論を導入しようとしたのである。ヨーロッパでの契約論の理論家たちの多くが、王権神授説に対する批判を行っていたことを考えれば、こうした連関は自然であるし、この文脈で、社会契約論に注目したことも理解できる。

もう一つは、マルクス主義との関係である。戦前から、日本の社会科学はマルクス主義の強い影響を受けていた。戦後も、経済学や歴史学を中心に、マルクス主義は非常に強い勢力を保った。これに対し政治学は、丸山眞男らを中心として、マルクス主義に対して一定の距離をおくスタンスを確立し、それが基本的に今日まで維持されている。もちろん、丸山にしてもマルクス主義にいろいろな示唆を受けているし、その後の多くの人々もそうだったが、それにもかかわらずあえて距離をとろうとした。階級間の対立、階級闘争としての政治という図式をそのまま入れてしまうと、政治学が経済学に従属しかねないという、政治学の「危機感」もあった。しかしそれだけではなく、政治現象を全て経済関係に還元するのは、実際に起きていることを説明する上であまりに平板だという丸山以下の人々の判断があった。これも基本的に正しい判断だったと私は思っている。ここから、マルクスとは違う説明の仕方をした思想家、特に宗教や人々の考え方などが社会を大きく変える力を持つとしたマックス・ウェーバーなどへの強い関心が生まれることにもなったが、それについては、ここではこれ以上ふれられない。

2 憲法について

以上のように、日本で契約論を援用することには、十分な動機があった。そして、実際にそれは、戦後思想の中で、人々の間にリベラル・デモクラシーを定着させる上で大きな役割を果たした。すなわち、政治秩序とは自然秩序のようなものではなく、人為的なものであることと、そうした秩序を支える当事者は自分たち自身なのだという意識を確立することに、少なくともある程度は成功したと言えよう。しかしながら、それはいくつかの副作用をも伴ったのである。

一つは、憲法の正統化(legitimation)をめぐって、ある逆説的な事態を生み出してしまったことである。戦後に制定された現在の日本国憲法を、どのような性格のものととらえ、それに対してどのように接すべきかということは、憲法について論じる人々の頭を悩ませ続けてきた問題である。形式的には、それは戦前の大日本帝国憲法を改正したものということになっている。しかし、全部が書き改められ、中心的な部分が変わっているので、これを改正ということでは説明しきれない。明らかに不連続性があるのだが、そこをどう説明するかである。憲法学者たちは、いろいろと苦心して議論したが、中でも有名なのは八月革命説である。一九四五年の八月に革命が起き、社会契約的なものが行われ、その結果として新しい憲法がつくられたと考えよう、というものである。これは憲法学者によって唱えられたが、そのアイデアは丸山眞男が出したとも言われている。たしかに、法理論としては、一つの説明であるが、問題は、八月に人々が革命を起こし、実際に憲法制定会議のようなものを自らつくったという「記憶」がないことである。それどころか、実際には、この憲法は、アメリカをはじめとする連合軍の占領下に、つくられたものであった。このことをとらえ、実際に、この憲法の内容を良く思わない人々は、これを「押し付け憲法」と呼んできたわけである。これに対し、憲法学者・政治学者は困難な立場に立たされた。彼らの多くは、内容としては、日本国憲法に賛成であり、「押し付け憲法」論者を中心とする改憲の動きに対抗するために、護憲を掲げることになった。しかしながら、彼らの唱える社会契約の論理からすれば、この憲法の成立過程には、合意の自発性の点で、いささか問題があると言わざるをえない。こういう矛盾である。

この一種の「ねじれ」をなくすには、あらためて一回国民投票にかければよい、という考え方もある。近年、必ずしも従来の改憲派と同じではない人々、例えば加藤典洋ら(4)が、憲法の「選び直し」を提案したことはよく知られている通りである。内容的には今の憲法でだいたい良いとしても、今述べたような「ねじれ」があるので、一度国民投票にかけようという議論である。契約論の立場に立つ以上、社会契約を完全なものにすることは、むしろ望ましいと言うほかなかろう。そのため、護憲派も契約論を立てている以上、正面からはこれに反論しにくいわけである。しかし、実際に憲法に手をつけ始めたら、現在の憲法の基本原則とは相容れないような考え方がどんどん出てきて、内容まで大きく変えられてしまうおそれがあるとして、選び直しに賛同するわけにも行かない、というのが護憲派の懸念であろう。

この問題について、私の考え方は以下のようなものである。そもそも社会契約論は、一つの説明の論理ではあるが、これにあまりに依存することには弊害がある。この点では、護憲派はもとより、選び直し派のような人々も、契約論に足をすくわれている面がある。護憲派は、契約の重要性を強調しすぎたために、再契約要求にどう反駁すべきか苦しんできた。一方、選び直し派は、今度こそ正しい契約を一度するのだと言う。しかし、われわれはそこまで契約にこだわらなければならないのだろうか。一回の契約よりも、半世紀にわたる蓄積の方が重要なのではないか。社会契約論は、契約という特権的な瞬間をきわめて重視する議論である。その一瞬に、正統性の全てを帰着させる。これに対し、私は、政治的なプラクティス(実践・慣行・制度)が、長い間をかけて形成され、蓄積されていくプロセスをより重視したい。半世紀の間、この憲法はただ宙に浮いていたわけではなく、それを前提に、さまざまな法律、判例、学説、実務が積み重ねられてきた。憲法典の周りに、さまざまな人々の苦労と知恵が結晶化しているのである。契約論にこだわりすぎると、こうした蓄積の意義は無にされてしまいかねない。

3　征服について

原初の純粋な契約を追求する議論を、ここで「契約原理主義」と呼んでもよい。契約原理主義者は、純粋な契約ができる、ということを前提とする。しかし、そもそもそんなものはありうるだろうか。もちろん、現実には実施不可能であっても、理念として立てることに意味があるものはある。しかし、純粋な契約という理念を立てることには、副作用もあるのではないか。これが、日本における契約論の過剰な強調がもたらした、第二の問題点と関係してくる。それは、植民地主義の忘却という問題である。

もしも契約が純粋であるとすれば、それは戦争や征服などの暴力的な側面を伴うものであってはならない。人々が、完全に自発的に集まってきて、一切の強制を受けずに、自由にある秩序をつくることを選択する、ということでなければならないからである。しかし、例えば、最も典型的な契約による国家と考えられているアメリカ合州国について考えてみても、そのような条件が満たされていないことは明らかである。アメリカは、メイフラワー号で契約した人々によってつくられ、その趣旨に賛同した人々が、その後も次々に移民してできあがった国だという神話によって支えられている。しかし、実際には、インディアンなどと呼ばれる先住民は、武力によって征服されたし、アフリカ系の人々は、奴隷として強制的に連れて来られた。こうした人々が、強制なく同意した人々でないことだけは確かである。

日本国憲法に話を戻そう。日本国民が正しく同意したかどうかだけを問う議論において忘れられているのは、そもそも契約の主体となるべき人々の範囲が、自明ではないということである。「われわれ国民」が憲法に同意する、という時、そのわれわれ国民とは誰のことなのか。論理的には、憲法ができて初めて国はできるわけで、憲法以前に国があるわけではない。国民というものの範囲は、憲法以前には決まっていないはずである。「日本国民」という集団が自明だと考えている人々には、その直前まで朝鮮半島や台湾の人々が、まさに日本軍の暴力による威嚇によって、日本国民の中に組み入れられていたことを思い出して欲しい。そして今度は、アメリカなど連合軍との戦争の結果、日本が征服される中で、彼らは一挙に日本国民の範囲から排除された。国民の範囲を確定するこうした一連の動きの中で、国民という単位を形成する自発的な合意がどこにあったと言えるだろうか。契約ばかりを強調すると、国家成立に伴うこのような暴力的な側面、対立の側面は忘れられがちとなる。さらに言えば、こうした事情は、何も一九世紀以降に植民地となった地域だけの問題ではない。それ以前の日本という単位にしても、過去のいずれかの時点で自発的な同意などによって形成されたものではない。ヤマト朝廷が、さまざまな人々を征服することによって、日本という単位は形成されたのである。

　このように、どのような国家にも、戦争や征服の結果として事実上成立したという側面がどうしてもつきまとう。契約原理主義者は、純粋な同意による国家という理念を示すことによって、国家形成の暴力性を結果的に隠蔽することにならざるをえない。誤解しないでいただきたいが、私は、「合意形成など不可能で、結局は戦争が物事を決定する」などと言おうとしているのではない。たとえ暴力が露骨に見えていないところにも、実は多くの暴力が隠されているので、合意の側面に注目するあまり、そうした暴力を見落とさないようにしよう、ということにすぎない。

4　闘争論について

　ところで、ミシェル・フーコーは、一九七五年から七六年にかけてコレージュ・ド・フランスで行った講義『社会防衛論(5)』で、「闘争(lutte)」という概念を前面に押し出した。彼は、一七世紀イギリス政治理論の中で、通常注目される社会契約論の理論家たちでなく、レヴェラーズやディガーズのような、実際に政治的な闘争を行った人々の議論を検討する。そして、そうした議論の中では、イングランドという国が、ケルト人をゲルマン人が征服し、さらにそれをノルマン人が征服するといった、征服の連鎖によって成立したという事実が強調されていることを発見する。現在の政治体制を根本から批判しようとした人々は、体制が決して自発的な合意の結果でないと主張するために、そうした歴史を持ち出した、というのである。一方、一八世紀フランスでは、王権への権力の集中が進む中で、それまである程度の勢力を有していた貴族たちが危機感を抱く。そして、こうした立場にある人の中で、例えばブーランヴィリエは、フランスもまた征服によってつくられたものであることを強調した。ただし彼の議論は、被征服者の立場から征服者を糾弾するというよりは、共に征服者側である王と貴族の間の、本来的な平等性を説くものであったが。

こうした征服論の系譜とは対照的に、ホッブズに代表される社会契約論は、秩序が形成される際の暴力を隠蔽し、国民内部が同質的でありうるかのように装い、内部にある差異から目を逸らさせ、結果的に現在の秩序を守る保守的な効果を持つとフーコーは指摘する。ホッブズの議論では、自然状態は戦争状態とされる。秩序がないところでは、人は自分自身の都合、すなわち自己保存のことしか考えないため、必要があれば他人から奪うのも他人を殺すのも平気である。こうした無秩序な戦争状態を離脱するために要請されるのが、社会契約であり、したがって社会契約が一旦成された後には、内部には対立は残るはずがない。もはや人々の間に、対立はなくなるのである。こうしたホッブズの論理こそ、最も反政治的な含意を持つとフーコーは述べている。

ここでのフーコーの政治観、すなわち、政治とは対立であるという見方は、カール・シュミットの議論を思い起こさせる。シュミットは、『政治的なものの概念』(6)において、政治とは友／敵関係をめぐるものであるとした。経済においては利害、道徳においては善悪、芸術においては美醜が問題となるが、政治で問題となるのは、誰が友であり敵であるかである。仮に道徳的には悪であっても、政治的には友でありうるとした。このような政治観は、政治学において、とりわけ日本の戦後政治学において、最も警戒されてきたものである。先ほどから見ているように、戦後政治学では合意形成を軸とする議論が主流であり、これと真っ向から対立するシュミット的議論は、まさに「敵」とされてきたわけである。シュミットは「例外状況を常態化」しているという丸山眞男の批判が、典型的である。たしかに戦争や内戦のような例外的な事態では、誰が友であり、誰が敵であるかが前面に出てくる。これは、九月一一日以来の政治家たちの言葉を見れば、明らかであり、「ショー・ザ・フラッグ」もその一つである。しかし、これまでの政治学からすれば、そのように対立が前面に出てくる事態はあくまで例外であり、ふだんは人々の間に合意が成り立っているとされたのである。

しかしながら、このような見方を単純にとれないことについては、これまでに見てきた通りだ。「例外状況を常態化」しているのはシュミットなのか。それとも、現実の方なのか。もしも後者であるとすれば、シュミットを無視しただけでは意味がないであろう。政治において、つねに対立の側面が残るというシュミットの指摘そのものは、真剣に受け止める必要がある。

シュミットの問題点、少なくとも、彼の議論が二〇世紀政治思想にもたらした負の遺産は、政治における対立の契機を指摘したことそれ自体ではなく、政治概念を国民という特定の単位と結び付けたこと、国民間の対立が本質的であるという見方が広まるのを助けた点にある。そしてまさにこのような問題の所在を、フーコーは意識していたように思われる。すなわち、フーコーはたしかにシュミットの政治観のある部分には共鳴しているが、そこから先までは共有しない。それどころか、これから紹介するように、全く異なる方向に議論を進めていくのである。

フーコーが注目するのは、ブーランヴィリエらが、征服者集団と被征服者集団とは異なるナシオンであると考えていたことである。つまり、フランス革命以後のように、「フランス人」という単一のナシオン(国民)が存在しているとは考えていなかった。国民の同質性と平等性を前提とする立場からすれば、これは、差別的な考え方にほかならない。しかし、他方で、国内に亀裂があると主張すること、つまりナシオン間の非対称的な関係に言及することによって、ブーランヴィリエらが、全体を統括しようとする権力を牽制する視点を示したことも事実なのである。フーコーによれば、そこで前提とされていた亀裂は、後の人種差別などとは異なる種類のものであった。当時は、まだ人種主義的な考え方はなかったので、征服側と被征服側とが生物学的に異なるとか、まして、どちらかがより優等であると考えられてはいなかった。ちょうどスポーツで優勝したチームと負けたチームの関係のように、負けたチームは勝ったチームに従属するが、それは負けたチームが道徳的に悪いとか、正常でないとか、逸脱であるということではなかった。ところが、フランス革命によって、フランス国内のすべての人間が一つのナシオンに属するということになった。そこで前提とされる同質的な「国民」概念は、一見すると平等主義的であり、人々の平和的な共存を可能にするように見える。だからこそ、実際、合意形成的な理論は、国民の内部における差異に言及することを嫌ったのである。これに対し、フーコーによれば、そのように同質性を前提とする議論の方こそ、人種などの生物学的概念と結び付くことで、一九世紀以降、きわめて暴力的な結果をもたらしたのである。

5　生-権力について

国民といっても、その内部には実際にはさまざまの差異があるのに、そうした差異はあってはならないものとされた。内部に発見されるさまざまな他者、すなわち標準とされるものと違う外見や行動様式を示す人々は、国民の同質性を損ない、国民集団全体の価値を低くしてしまうような集団とされた。こうして、国内において、他者を抹殺し、同質性を実現しようとする無限の努力が続けられていくことになる。これが、フーコーが「生-権力」(7)と呼ぶような権力のあり方にかかわってくる。

生-権力とは、ある人間の群れに注目し、その群れがより大きくなり、より生命力があるようにすることを目的とするような考え方を人々がする時に、そこに作用するものを指す。したがって、最も典型的なあらわれ方は、例えば人口政策などにあらわれる。最近日本でよく言われているような、「少子高齢化」を問題にする視点、そして、国民の将来の生活を維持するため(具体的には、年金を払うのに必要な税収を調達するため)に、もっと子どもが必要だという視点、そのために、例えば子どもを持たない夫婦を道徳的に批判するような視点、こうしたものも生-権力の一つのあらわれである。しかも、生-権力は、このように、「もっと産みなさい」とか、「もっと繁栄しなさい」というポジティヴな形であらわれるとは限らず(ここでポジティヴとは、良い意味でということではなく、何かを拡大するということであるが)、ネガティヴな形で(すなわち、縮小させるような形で)あらわれることもよくある。つまり、特定の人々に対して「産んではいけない」とか、「どこかに消えろ」という具合にはたらく。彼らがいない方が群れ全体にとって好都合であると見なされた人々については、排除し、再生産をとめること自体が、群れ全体の生命力を高めることとされるのである。このようにして、例えばナチスに典型的なように、精神病とされた人々などの生殖能力を奪ったり、群れの人種的純粋性を損なうと判断されたユダヤ人たちを殺したりする、ということが起こったのである。

しかも、これは、ナチスだけの例外現象というわけではない。市野川容孝らの研究が明らかにしているところでは(8)、こうした優生学的な手法は、実は英語圏で先に研究され、ある程度実施された。そして、スウェーデンのような福祉国家においても、精神異常などとされた人々に対する生殖能力の剝奪が行われた。日本でも、ハンセン病の人々に対して、同様のことが行われていたのである。ハンセン病の人々については、ごく最近になって、ようやく司法・立法・行政が動き始めているが、非常に長い間、隔離政策がとられてきた。しかも、ハンセン病はもともと伝染しにくいものであったし、ある時期からは治癒する病気になったにもかかわらず。こうした政策を医療と行政が一体となって推し進めたことについては、いろいろな要因がある。しかし、その中でも重要な要因として、そもそもの発端以来、この隔離政策は、日本国民を外国人、とりわけ西洋人にどう見せるかという発想に支えられていたことが、藤野豊の研究によって明らかにされている(9)。当時、ハンセン病は先進国には見られない病気と考えられていた。そして、治療困難な時代には、患者は病気によって身体的な変形を受ける場合があり、可視化され易かった。そのため、日本の恥であるハンセン病患者を見せたくない、という論理が出てきたのである。この点を考えないと、なぜ治療可能になっても隔離を停止しなかったのかが理解できない。ここにはたらいているメカニズムこそが、生‐権力の典型的なあり方を示している。それが、日本国民という同質的な生物学的集団を想定し、その生物としての優越性を示したいという動機によるものであることは明らかであろう。

生‐権力は、もとより、国内でこうした「民族浄化」を進めるだけではない。それは、国境の外に対してもさまざまにはたらきかける。フーコーの生‐権力論がもたらした最大の貢献の一つは、二〇世紀においてきわめて顕著な現象となった「総力戦」が、殺すための戦争というよりは、生かすための戦争として戦われたことに人々の目を開かせた点にある。すでに一九世紀についてもある程度そうであったが、とりわけ二〇世紀の戦争は、国民という特定の群れの生命・生活を守るための防衛戦争として意識されていた。群れが自衛することは当然であり、したがって、何のやましいところもないという意識があれば、戦うにあたって躊躇するところはない。そこでは、「われわれ」という単位が、何らかの文化的な指標によって、さらに、しばしば神話によって、自明のものとされた上で、そのわれわれに危害を加えるおそれのある外敵に対して戦うことが奨励された。そして、そうした外敵と通謀して内側からわれわれを脅かす「内なる敵」(「第五列」、「非国民」)とされた人々も、徹底的に叩かれることになったのである。

6　国家理性について

このようにして、かつてブーランヴィリエらによって、国民という単位を相対化するために用いられた「闘争」の論理は、一九世紀から二〇世紀にかけて、国家によっていわば簒奪されてしまった。国民とその外部（そこには、境界線の内側の在留外国人や「非国民」も含まれる）との間に、絶対に動かせない境界線があり、両者の間に必然的に戦いが起こるという論理であり、これがシュミット的な友敵論と共鳴することになる。

ここで確認しておきたいのは、戦争は、必ずしも一握りの人々の陰謀によるものではない、ということである。マルクス主義の影響下にある反戦論は、戦争は支配階級の陰謀であるという命題を立てた。戦争は、それぞれの国の支配階級が、自分たちの利益のために開始するものである。被支配階級は戦争の犠牲になるだけであり、戦争から何の利益も受けない。したがって、被支配階級が国際的に連帯すれば、戦争に反対する勢力になることができる、という考え方であった。このような考え方が成り立つ余地が、全くないというわけではない。しかし、二〇世紀の経験は、それを裏切り続けてきた。多くの貧しい人々も含めて、国民が全体として外敵の脅威を唱え、生活を守ってくれと訴え、戦争を（少なくとも潜在的に）待望するという構図がしばしば見られたからである。

もちろん、このように言うことは、いわゆる戦争責任の問題をあいまいにし、すべての人に同じように責任があると言うことではない。指導的な立場にあった人々の責任、軍隊の責任者の責任などは、当然、一番大きい。しかし、戦後日本の議論で、国民は戦争に巻き込まれた被害者であり、一部の政治家や軍部の陰謀によって戦争に引きずり込まれたという論点だけが、あまりにも強調されてきたために、かえって問題の根深さを見失っているような気がしてならないのである。

先にふれた、福祉国家の優生学のような問題についても、同じことが言える。これは、一部の悪い政治家や官僚のせいなのだろうか。もちろん、そういう側面もある。しかし、例えば、スウェーデン福祉国家の生みの親であるミュルダール夫妻自身が、この醜聞にかかわっていたということは、事態の深刻さをあらわしている。つまり、福祉国家と優生学が表裏一体になっていたことを、それは意味するからである。なぜそうなるのだろうか。福祉は国民の税金によって支えられている。いわゆる障害者のような人々に福祉を給付するためには、一般よりも多くの経済的な資源を要する。したがって、障害者と呼ばれるような人々がふえないようにした方が、国民全体の福祉水準を維持したり向上させたりするために有利だという「計算」が出てくる。国民の税負担をどんどん上げていければよいが、それは国民の生活を圧迫し、生活水準を引き下げることになる。そのために、国民という群れ全体のケアを考える福祉国家は、目的に忠実であればあるほど、生‐権力的なものにとらわれ易いのである。繰り返すが、このことは、特定の政策担当者たちの犯した過ちを免罪するために言っているのではない。理由はどうあれ、断種政策などは許されない。彼らは、そうした政策を採用すべきではなかった。しかし、国民という群れの生活に責任を持つ(アカウンタブルである)ということそのもの(これが、「国家理性」と呼ばれるものであるが)に、最も残酷なふるまいへの落とし穴が隠されているということを認識する必要があるのである。

7　新しい戦争？

ここまでの議論をふまえて、最後に、現在の事態について、あらためて少し考えてみたい。「新しい戦争」が始まったという言い方が最近は多い。これまでは、国家対国家の戦争であったが、国家と国家以外の集団との間の戦争が出てきたということを強調する言い方である。しかしながら、これまでも、国家以外の集団による暴力的な攻撃は、残念ながら多数存在した。アメリカでは、白人優越主義的な団体によって連邦政府関係のビルが爆破された。ヨーロッパでも、ＩＲＡはもとより、バスク独立派などのテロも頻繁に行われている。イタリアでは、マフィアが司法当局などに対して、公然とテロを仕掛けるということが繰り返された。日本では、オウムの事件があった。したがって、何らかの集団が大規模な攻撃を行うということ自体は、今に始まったことではない。

これに対し、もう少し違う側面が、九・一一以後に見えてきたという考え方もある。それは、今回の出来事は、国際的な宗教対立に向かう第一歩だという見方であり、おおむねハンチントンの議論に沿うものと言えよう。しかし、イスラム専門家らが明らかにしているように、イスラム教とキリスト教が、暴力的に対立しなければならない必然性は、教義などから必ずしも出てこない。ジハード(聖戦)というものも、本来は暴力的な意味ではないと言われている。

宗教対立の側面だけに目を奪われなければ、現状は、もう少し違ったものとして見えてくる。それは、どうあがいても浮かび上がれない人々の存在ということである。これまで、かなり長い間にわたって、開発のタイムラグが信じられてきた。今、貧乏な人々も、やがては豊かになる途上にあるのであって、先進国とはただ時差があるだけなのだ、という考え方がそれなりに通用していた。しかし、今では、それを素朴に信じている人はほとんどいない。アフガニスタンのようなところが、あるいはアフリカのようなところが、もう少し努力すれば、豊かな社会になるという希望を持つことが非常に困難になっている。いわゆるグローバル化の中で、豊かな人々はますます豊かに、貧しい人々はますます貧しくなりつつある。こうした中で、貧しいままに放置されている南側の人々に、おとなしく今の世界秩序を尊重し、対立を持ち込まず、静かにグローバル化を受け入れよと説くことは、はたしてできるだろうか。そうした人々にとっては、現状こそが、彼らの生活を脅かす戦争なのであって、それは目に見える形で戦闘が始まる前にすでに始まっていると言うこともできる。北側の先進国の人々は、九・一一以前は平和であり、突然戦争に直面したという感じを持っているが、南の人々にしてみれば、すでにずっと以前から、北側から戦争をしかけられていたと感じるかもしれない。北側から見た「われわれ」の範囲から排除され、ケアの対象からはずされ、いつ死んでもよいものとして放置されることによって、結果的には殺されつつあるという感覚である。そして、こうした落差の存在が、あの衝撃的な事件によって一挙に明るみに出て、ついに北側の人々もまた、自分たちが戦争に参加していることを意識するよう迫られることになった。

こうした中で、今、テロリズムとの戦いに参加せよ、テロリズムを根絶しようということが盛んに言われている。「われわれ」の安定した生活を守るために、それを脅かす「彼ら」を根絶しようということである。こうした発想は、まさに国際化した生‐権力の中にわれわれを巻き込んでいくことになる。生‐権力は、他のあらゆる権力と同様、ややもすると無限に亢進する危険性がある。しかしながら、異物を嫌い、清潔さ、無菌状態を無限に求めていけば、ついには日常生活を送ることができなくなるように、生‐権力が強まれば強まるほど、当初の目的であった安定した生活は脅かされることになる。ナチスのような閉鎖的な体制の下で、生‐権力がどのような経過をたどったかについて、フーコーは次のように述べている。そこでは、当初は非常に異質に見えるユダヤ人やロマ、精神障害とされた人々などが捨てられた。しかし、そうした「消毒」が終わっても、人々はまだ安心することはできなかった。残された部分の中にもまだ、他者性がある。それも消さなければならない。こうして、ついには最後の一人が自らを殺すまで、本当に安心することはできない、ということである。戦前の日本でも、当初はマルクス主義者が弾圧されたが、その後は、自由主義者もまた弾圧されたことを想起すべきである。

このように考えてみると、ある境界線をつくって、その内部を最適化しようとするやり方は、外部に押し出されたものの「復讐」によって、かえって最適な結果を得ることができないし、内部を最適化しようとすること自体が、内部を息苦しいものにしてしまうという逆説の所在に思い当たる。こうしたやり方、すなわち境界線を前提とする政治のあり方こそが、今日、新しい戦争なる事態を生み出し、それを激化させようとしているものの正体なのである。

(1) Francis Fukuyama, *The End of History and the Last Man*, Free Press, 1992: 渡部昇一訳『歴史の終わり』三笠書房、一九九二年。
(2) Samuel P. Huntington, *The Clash of Civilizations and the Remaking of the World Order*, Simon & Schuster, 1996: 鈴木主税訳『文明の衝突』集英社、一九九八年。

（3）　戦後日本における代表的な社会契約論研究として、福田歓一『近代政治原理成立史序説』岩波書店、一九七一年。社会契約論に代表される法的言説が、国家成立に伴う暴力性を隠蔽しがちであることについて、拙著『権力論』岩波現代文庫、二〇一五年を参照されたい。

（4）　加藤典洋『敗戦後論』講談社、一九九七年。なお、改憲についての筆者の見解として、憲法再生フォーラム編『改憲は必要か』岩波新書、二〇〇四年、所収の拙論を参照されたい。

（5）　Michel Foucault, *Il faut défendre la société*, Seuil/Gallimard, 1997: 石田英敬ほか訳『ミシェル・フーコー講義集成〈6〉社会は防衛しなければならない』筑摩書房、二〇〇七年。

（6）　Carl Schmitt, *Der Begriff des Politischen*, Zweite Auflage, Duncker und Humblot, 1932: 田中浩・原田武雄訳『政治的なものの概念』未來社、二〇〇〇年。

（7）　生‐権力については、本書第三章を参照のこと。

（8）　市野川容孝「近代医学と死の医療化」、『思想』一九九七年八月号・一〇月号、一九九九年八月号・九月号。

（9）　藤野豊『日本ファシズムと医療――ハンセン病をめぐる実証的研究』岩波書店、一九九三年。

第八章　二分法の暴力

——マイケル・ウォルツァー正戦論をめぐって——

二〇〇二年二月、『われわれは何のために戦うか』と題する文書が公表された[1]。この文書が耳目を集めたのは、アメリカの対アフガン戦争を全面的に擁護するというその内容に加え、アメリカ内外の代表的な知識人が、かなり幅広く署名リストに加わっていた点による。サミュエル・ハンチントンやフランシス・フクヤマらと共に、高名な政治理論家であるマイケル・ウォルツァーの名も、その中にあった。

ウォルツァーは、『正義の諸領域』以来、いわゆる共同体論(コミュニタリアニズム)の代表的な論客として高く評価されてきた[2]。彼が戦争擁護の立場を明確にしたことは、政治理論に関心を持つ人々の間で、とまどいをもって受け止められたようである。しかしながらウォルツァーは、四半世紀前に書かれ、今日すでに正戦論の古典の一つとされている『正戦と非正戦[3]』の著者である。今回、この本を精読して、その基本的な論点がそのまま右の二〇〇二年文書に継承されていることに、あらためて驚かされた。すなわち、第一に、ウォルツァーが単なる一署名者ではなく、この文書の理論的な支柱をなす役割を果たしていることは明らかである。そして第二に、ウォルツァーは変わっていない。もちろんニュアンスにおいては異なるところもあるが、正しい戦争についての考え方の枠組みは四半世紀を経て不動なのである。ウォルツァーが対テロ戦争を擁護するのは、彼の正戦論の一つの帰結である。

ウォルツァーが世論を形成する上で、さらには政策決定の上で、どれだけの影響力を持っているかはわからない。しかし、正しい戦争をめぐる議論には、欧米では長い伝統があり[4]、今日でもその需要は大きいと推察される。しかも、理論的な供給が必ずしも多くない中で、ウォルツァーの正戦論は参照され続けている[5]。したがって、それを批判的に再吟味することにも、実践的な意味がありうると言えよう。

ウォルツァー正戦論を読んで、ただちに気づくことは、それが徹頭徹尾、二分法によって貫かれていることである。戦闘員／非戦闘員、正戦／非正戦、責任者／非責任者など。このような二分法は維持できるだろうか。本稿では、『正戦と非正戦』を中心として、ウォルツァーの議論の基本構造を明らかにしながら、それが孕む問題点を指摘し、併せて現代において正戦を論じることの「党派性」にも論及したい。

1　正戦へのコミットメント

ウォルツァーの出発点、それは、正戦はあるべきだし、現にあるということである。正戦が理論化できればそれに越したことはないが、もしもできないならやむをえない、という立場ではない。正戦の概念は絶対に必要であるという、きわめて強いコミットメントがウォルツァーの議論には感じられる。そうしたコミットメントにもとづいて、彼は、西洋においてアウグスティヌスやトマス・アクィナス以来蓄積されてきた正戦論の伝統に棹さそうとする。

戦争は道徳と無縁である、という(ホッブズやクラウゼヴィッツのような)予想される反論に対して彼は、実際には戦争は極力避けられようとしてきたし、起きてしまった後でも、なるたけ制限しようとされてきたと主張する。さまざまな戦争法規(war convention)の存在こそは、その証拠にほかならない(6)。将軍や政治家が、自分たちを正当化しようとして常に嘘をつくことも、道徳の欠如よりはむしろその存在を示しているのだと彼は言う。悪いことをしたかもしれないと思うからこそ、嘘をつくのであって、はじめから道徳意識がないなら、嘘をつく必要もない。嘘や偽善の存在が、逆に道徳意識の存在を示している(7)。ここからウォルツァーは、われわれはみな道徳世界の中に生きており、そこでの道徳的な語彙(8)は、「共有された判断」を可能にするに十分なだけの共通性を持つと主張するのである。このようなウォルツァーの議論は、後に『解釈としての社会批判(9)』などで展開された、彼の解釈学的な議論につながるものであると言えよう。

もっともウォルツァーの場合には、道徳を共有すると言っても二つの種類があり、一つはより「厚い」合意、すなわち文化を共有する国民などの間でのみ可能な合意であり、もう一つはより「薄い」合意、すなわち、ある程度普遍的に共有できる合意である(10)。ここで戦争についての合意とされているものは、後者にかかわると言えよう。

ウォルツァーによれば、正戦論は大きく二つの勢力と対決を迫られる。一つは、リアリズム(現実主義)であり、リアリストたちにとっては、戦争に正しいも正しくないもない。とりわけ彼らは、戦争の手段などに制約がつけられることを嫌う。少なくともリアリストたちの自己認識としては、それは、彼らが好戦的だからではなく、むしろ、制限などつけずに、できるだけ強力な手段でやった方が、戦争が早く終結し、結果的に犠牲者が少ない場合もあるからである(11)。しかし、こうした考え方にウォルツァーは反発する。もう一つの敵は、言うまでもなく、パシフィズム(平和主義)である。パシフィストたちにとっては、すべての戦争はそれ自体悪であり、したがって正戦などというものはない(12)。これもウォルツァーにとっては認められない立場である。

正戦論はこの両極の間にあって、正しい戦争と正しくない戦争を区分し、その二つの間に境界線を引く考え方とされる。しかもウォルツァーは、この線はそれなりに固定したものとして定義できるとする。そうした立場から彼は、彼が功利主義的と呼ぶ議論を批判するのである。功利主義者らは、例えば目的が正しい戦争なら、手段に多少問題があってもよいという具合に、時と場合に応じて、正しさの基準は変化すると考える。このような「スライドする基準」という考え方をウォルツァーは批判する。[13] そうした考えを認めてしまうと、自分の戦争目的が正しいと考えた兵士を規制するものは何もなくなる。正しい戦争である以上、何でも許されるということになりかねず、戦争法規は無効になってしまうというのである。

もっともウォルツァーにしても、どんな時でも杓子定規にルールを適用せよとまでは言わない。彼のモットーは、「天が落ちないかぎり、正義をなせ」[14]であり、天が落ちるような時、つまり極端な非常事態においては、話は別とされる(このことの意味については後述する)。

2　戦争への法

それでは、具体的にどのような時に、戦争は正戦とされるのか。従来の正戦論の遺産に基本的に依拠しつつ、ウォルツァーは戦争をめぐる判断基準は二つに整理できるとする。[15] 一つは、「戦争への法(jus ad bellum)」であり、これは、どのような時に正しい戦争が行いうるかを規定する。もう一つは「戦争における法(jus in bello)」であり、これは、どのような戦争のやり方が正当化されるかを規定する。すなわち、それぞれ、開戦理由についてのルールと戦争手段についてのルールである。

前者から見ていこう。戦争が正当化される理由としては、まず侵略への反撃が挙げられる。既存の境界線を維持することが、最も大切であり、したがって、仮に境界線が侵犯された場合には、原状回復(status quo ante)が当然とされる。ここで重要なのは、侵略が悪である根拠についての、ウォルツァーの説明の仕方である。[16]政治共同体は、その領土的一体性と政治的主権を守る権利を有する。これは、共同体が持っている「権利」であるが、それは究極的には、共同体を構成する個人の権利に由来する。この個人の(生命と自由への)権利の根拠については、あえて説明する必要はないと彼は言う。

もしそれらが自然なものでないとすれば、われわれがそれを発明したのだろう。しかし自然であるにせよ発明されたにせよ、それらはわれわれの道徳世界の明瞭な特徴である。[17]

その上でウォルツァーは、近代政治思想の伝統に則って、ここで社会契約論に言及する。構成員の同意の結果として、共同体の自衛権は生まれるとするのである。

ウォルツァーは、共同体の自衛権をきわめて重要なものと考える。そのため、侵略されても反撃すべきでないとするパシフィストの議論[18]を批判するのはもちろんのこと、より功利主義的な考え方、例えば、戦えば犠牲がさらに大きくなりそうな場合には戦わないといった計算をすることも容認しない。仮に戦った方が損である場合でも、侵略された共同体は抵抗しなければならない[19]。これは一種の義務として意識されている。

また、政治共同体の境界線は、たかだか恣意的なものにすぎないという考え方にも与しない。事実としては、たしかにどのような境界線も、何らかの偶然の事情によって引かれたにすぎない。しかし、人間は境界線なしに生きることはできないし、「良い境界線が良い隣人をもたらす」と彼は言う[20]。人は何らかの共同体に帰属し、その中で「共有された理解(shared understandings)」をひとまず受け容れなければ、道徳意識を持つこともできず、批判の根拠を持つこともできないという彼の共同体論的立場が、その帰結としてこうした共同体防衛論を生み出していることは疑いない。

もっとも、ウォルツァーは、境界線の維持・回復以外に、一切の正当な理由を認めないというわけでもない。例えば、先制攻撃(preemptive strike)については、必ずしも排除されないとしている[21]。ある国が軍事力を増強している場合、それに脅威を感じた近隣国が、侵略される以前に予防的にその国を叩くことも正当化されると言うのである。第三次中東戦争(一九六七年)は、軍備増強を進めていたエジプトへのイスラエルの先制攻撃によって始まったが、これは正しかった。実際には、エジプトのナセルはイスラエルに攻撃をしかける意図はなかったことが判明したが、それでもイスラエルの行為は正当化されるとする。

国家は、軍事力の不行使が、彼らの領土的一体性や政治的独立の深刻な危険につながる場合にはいつでも、戦争の脅威を目前にして、軍事力を行使することができる。そうした状況では、彼らは戦うように強いられたと言えるし、侵略の犠牲者であると言っても差し支えないのである。(22)

ここには、明らかに論理の飛躍があろう。「強いられた」ということが仮に言えるとしても、だからといって、先制攻撃をした側が「犠牲者」であるとまでは言えないからである。

それでも先制攻撃は、自国の境界線を守ることを目的とする点では、侵略への反撃の延長上にとらえられるものと言えなくもない。しかるにウォルツァーは、他の場合についても言及している。例えば、ある国で分離独立運動などが起こった時に、それに対して外国が介入することについては、できるだけ慎重であるべきだが、特定の国が介入を始めた場合には、対抗上介入することが正当化されるとしている。(23)さらに、ある国の中で少数派の虐殺などが起こっている場合の「人道的介入」についても、事態が「人類の道徳的良心をゆるがす」(24)までに至ったときには、その必要を認めるのである。後にふれるように(本章の「おわりに」参照)、こうした「人道的介入」については、『正戦と非正戦』にその後に追加された序文などで、その意義がさらに強調されることになる。

ところで、開戦理由との関係で問題になるのは、戦争をいつやめるべきかである。原状回復が戦争の目的であるとすれば、当然、それが達成された時点で、すなわち境界線が回復された時点で、戦争は終わるはずである。ウォルツァーも、基本的にそのような線で話を進めてはいる。(25) しかしながら、ここでも彼は例外の存在を主張する。ナチス・ドイツのような敵を相手にした場合には、原状回復までで手を緩めてはいけない。相手を征服し、懲罰し、さらに民主的な政権を樹立するところまでやらなければ、元の木阿弥になってしまうとする。(26) 通常の戦争では相手を殲滅するところまではやらない。相手を将来においても存続するパートナーと見なした上で戦う。ところがナチスは、このルールをふみにじり、相手を殲滅しようとした。この点で、ナチスは他の人々と価値を共有しない存在であり、例外であると言うのである。

侵略への抵抗を正当な開戦理由と見なす彼の議論について、どのように受け止めるべきだろうか。基準を明確にするために、あえて形式主義的な規定を貫くというのなら、一つの見識である。すなわち、個別の事例について一々検討すると紛糾するので、どちらに理があったかなどは一切問わずに、とにかく侵略した側を押し戻し、原状回復するというのなら、それなりに一貫した論理である。しかし、ウォルツァーの議論は、そうなっているわけでもない。先にもふれたように、彼は場合によっては、先制攻撃した側を支持したり、境界線を越えた介入を支持したりする。結局は、個別判断をしているのであり、しかも、その際の基準は必ずしも明確ではない。

3　戦争における法

次に戦争の正しいやり方とは何か。この点で、ウォルツァーは、「有用性」(勝つために必要なものであること)と「比例性」(相手のやったことと釣り合っていること)といった功利主義的な基準を、ひとまず受け容れる。(27) しかし、どのような攻撃が有用であり、また必要以上のものでないかについては、解釈が分かれるので、それだけを基準にすれば、結局何でもできることになってしまう。そこで、さらに人権という基準を持ち込む必要があるとする。仮にその場では有用で、しかも比例的なやり方であっても、外部から見て人権にもとるようなやり方は、非難され裁かれうるというのである。(28)

ところで、戦争のやり方に関して、ウォルツァーが最も重視しているのは、非戦闘員の保護である。戦闘員と非戦闘員とを区別し、専ら前者だけを攻撃の対象とすることが正戦の条件である。その場合、戦闘員とは、集団としての軍隊を指し、敗残兵などは含まれない。このことを整合的に説明するために、ウォルツァーは、もともとはすべての人間がイミュニティ(攻撃対象から外されていること)を保障されており、殺傷能力を持

いる。(29)

つ集団としての軍隊だけが、そうしたイミュニティを剝奪されると考えればよいとして

戦闘員と非戦闘員を区別するのが正しい戦争であるというウォルツァーの議論からすれば、両者の区別をあいまいにするような戦争のあり方が、望ましくないものとされるのも当然であろう。まずゲリラ戦とは、戦闘員が非戦闘員の中にまぎれ込み、反撃を困難にするやり方であるが、これについてウォルツァーは、まるで非戦闘員を人質にするやり方であると非難する。それは、非戦闘員を殺せないという相手側の道徳観に寄生したやり方である。(30) しかし、だからといって、ゲリラ戦に苛立ち、無差別攻撃に走ることもまた許されないと彼は述べる。戦闘員と非戦闘員を分離することが困難であっても、あくまでそれを試みるべきであり、分離不能な場合には、無理に戦う必要はない。一方テロリズムとは、(もともとは、政治家の暗殺などであったが)現在では非戦闘員を含む社会全体に対する無差別攻撃の形をとる場合が多い。このようなやり方は、戦争を全体主義的な形態に引き込むものであるとウォルツァーは批判している(後述)。

しかしながら、非戦闘員を犠牲にすることなく、戦争を行うことなど、そもそも可能だろうか。ここでウォルツァーが依拠するのは、「二重効果(double effects)」基準である。(31)民間人を狙って撃つことは許されないが、兵士を狙って撃った弾が、予期せざる結果として民間人に当たっても、仕方がないという考え方である。そして、この基準をどこま

で厳格に適用するか、つまり非戦闘員の危険回避にどこまで努めなければならないかは、基本的に状況次第であるとされる。

戦闘員と非戦闘員の分離が可能かどうかは、第一義的にはテクノロジーによって規定されるであろう。白兵戦を基本とする時期には、あるいは可能だったかもしれないが、絨毯爆撃と核戦争の時代には不可能になった。そこでは、「二重基準」などは、単なる精神規定としての意味しか持ち得なかったであろう。大都市への大規模な爆撃などの場合、民間人の犠牲者も出ることは当然予測される。それでも、標的が軍事標的ならば、民間の犠牲は「意図せざる結果」だと言えるのかが問題となるからである。ウォルツァー自身、広島への原爆投下などについて、それが非戦闘員への顧慮を全く欠いたものであるとしている(32)。

これに対し、現在の「精密爆撃」は、再び分離を可能にしつつあるのだろうか。ウォルツァーはそう考えているようだ。彼は、湾岸戦争(一九九〇年)後に書いた第二版前書きで、次のように述べている。

アメリカ軍の士官は、記者会見で、技術的な専門用語と正戦論を結びつけながら、空戦について描写した。それは、軍事標的のみに対して、前例のない精密さと共に行われた戦闘であったという。爆弾は「スマート」で、操縦者たちは道徳的配慮に

満ちていた。(33)

しかし、そもそも、いかなる軍隊についても、その発表を額面通りに受け取ることは危険である。湾岸戦争においても、「誤爆」による民間人の死者はかなりの数に上ったとも言われている。同じことは、対アフガン戦争についても一般に指摘されているところである。

さらに、百歩譲って「精密爆撃」なるものが技術的に可能であったとして、それが戦争を制限することにつながるとは必ずしも言えまい。戦闘員を非戦闘員から完全に切り離せるとしたら、戦闘員に対する攻撃は、むしろ仮借のないものになるだろうからである。非戦闘員が近くにいる場合には、「二重基準」などを念頭におきながら、控えめに攻撃せざるをえない。しかし、そうしたおそれがないなら、遠慮することはなくなる。同じことは、軍事施設と民間施設との区別についても言える。軍事施設だけを精密に攻撃できる(と称する)手段を手に入れた時、攻撃を始める際の心理的な負担は大幅に低下するからである。

しかも、戦闘員と非戦闘員とを区別することは、ウォルツァーが主張するほど当然なことだろうか。総力戦において、徴兵制は大きな役割を果たしてきた。強制的に兵士にされた人々が、非戦闘員と違って、殺されてもやむをえない存在になるのはなぜなのか。

ウォルツァーも、多くの兵士が、必ずしも自発的にそうなるわけではないことは認める。しかし、それにもかかわらず、殺傷能力を持つ集団に加わった時点で、彼は危険な存在になったのであり、したがってイミュニティを失うと主張する。(34)これは、わかり易い論理とは言えない。少なくとも、心ならずも徴兵された人々にとって納得がいく説明ではないだろう。

正戦論に数年先立つ『義務について』(35)では、ウォルツァーは、「国家のために死ぬ義務」について次のように論じていた。近代政治理論においては、国家の成立は一般に社会契約論的な論理によって正統化される。しかし、個人が自分の生命・生活を維持するために契約をし、国家をつくったのであるとすると、その彼(または彼女)がなぜ甘んじて国家に殺されなければならないのか、は難問となる。実際ホッブズは、犯罪者には、死刑を受け容れる義務がなく、逃亡してもよいと考えた。兵士の場合には、なれば必ず死ぬというわけではないし、全ての兵士が逃げてしまえば国家は滅亡し、折角社会契約をした意味がなくなるので逃げるべきではないという、スピノザ的な説得もありうる。しかしホッブズは、人は国家が滅亡する「脅威」よりも、自らの確実な死の方をより憂慮するはずだと言い張った。(36)

同じ契約論であっても、ルソーの場合には事情はいささか異なる。そこでは契約によって、利己的な個人は全体の中の個人へと道徳的に転換されるからである。共同生活を守るために、必要な時には戦うのが個人の義務となる。しかしながらルソーも、実際には道徳的転換が全面的でないことは承知していた。すなわち、自分はこの国家の共同性の中に入っていないので、たとえ国家が滅びそうでも戦う気はないという人物が出現する可能性は認めていた。[37]

ウォルツァーは、ここで、ジョン・ロックや法学理論に言及しつつ、国家と社会を区別するという議論を展開する。ある人物が単にある社会の中で暮らしているという事実だけによって、国家を守る義務が生じるわけではない。国家を守る義務は、それぞれの個人がそう同意した時に初めて生じる。したがって、仮に兵役を拒否したとしても、彼は社会から放逐されるわけではない。彼は、いわば在留外国人と同様の存在として、法を順守するかぎり、生活し続けることが許される。[38] このような議論に対して、当局は反発するだろう。政府当局者は、国家と社会の区別など認めまい。社会内で暮らすだけで、防衛義務についての暗黙の同意と言えるのであり、明示的な同意など必要ないとするだろう。しかし、それは正しくない。

国(country)全体、またはその一部が壊滅的な危険にさらされている場合を除き、「暗黙の同意と明示的な同意の区別を尊重せよ」という原理は、あらゆる徴兵制を否定する根拠となるはずである。[39]

すなわち、国家のみならず社会までもが存亡の危機に瀕する場合を除き、全ての戦争、すなわち政治的十字軍や外国への干渉、植民地の抑圧、国際的治安活動などについては、あくまで志願兵だけでやるべきであって、徴兵制は許されないというのが、この時期のウォルツァーの考え方であった。

たしかに、そこでも、自国防衛戦争に関する限り、徴兵制は否定されていない。しかし、徴兵のような問題をめぐって顕在化する、個人と共同体の間の緊張関係について、そこではかなり慎重な検討がなされていたと言えよう。そして、その背景に、市民が当然に兵士としてのアイデンティティを受け容れるような、共和主義的な政治文化が、現代社会において失われたという状況認識が見てとれる。しかるに、このような視点は後の『正戦と非正戦』においては見当たらなくなる。そこでは、兵役拒否の可能性については言及がなくなり、徴兵された場合でも、兵士になった時点でイミュニティを失うと宣言されるのみである。

彼が軍に加わったのは、国を守らなければならないと彼が考えたからか、または、徴兵されたからである。しかしながら、彼の身体への直接的な攻撃によって、戦うように強いられたわけではないことを強調することが重要である。もしそうされたのであったなら、それは、侵略という罪を個人のレヴェルで繰り返すものとなろう。彼が身体的に攻撃されるのは、彼がすでに戦闘者になった場合のみである。彼はすでに危険な人物になったのであり、彼にとっての選択肢はあまりなかったかもしれないが、それにもかかわらず、彼は自分が危険な人間になるのを認めたというのが正確なのである(40)。

そこでは、もはや明示的な契約も必要とされない。

長い間にわたって、共有された経験と、さまざまな種類の協調的な活動とが、共同生活を形づくる。「契約」とは、相互的な結び付きの過程についての比喩(41)であると言うのである。ここでは契約とは、ほとんどバーク的な黙契に近いものとなっている。

なぜウォルツァーは、正戦論において、ここまで強引に戦闘員と非戦闘員とを区分しようとするのか。それは、彼が、暴力をなくすことが不可能であるという前提に立ち、暴力をある特定の領域に閉じこめることで、それを管理しようとしているからであろう。ウォルツァーの正戦論において、兵士は公的な存在であり、英雄になる可能性を持つ半面、戦死の危険性をも甘受する。他方、民間人は私的な存在にとどまり、したがって英雄になる可能性を持たない半面、戦死の危険性を免れる権利を有する。このように整理することによって、正戦に必要な暴力を確保しながら、しかも暴力が全体に広がらないよう管理することができる、というのがウォルツァーの戦略なのであろう。

しかしながら、ここでは、重大な暴力の存在が隠蔽されていると言わなければならない。それは、公と私の間、あるいは戦闘員と非戦闘員との間に境界線を引く暴力である。何よりもまず、そこでは特定の人々が囲い込まれる。若い青年たちが、年齢とジェンダーという身体的特徴によって抽出され、義務を課される。彼らは、仮に戦死しても、非戦闘員ほどには同情されない存在として定義される。しかも、そうした制度を維持するために、実際に「法維持的暴力」(ベンヤミン)が課されることが通例である。徴兵拒否は、きわめて厳しい法的・社会的制裁を伴うのである。青年たちに加えられるこうした一連の暴力について、仮に幾分かでもその不当性を緩和するやり方があるとすれば、それは本人による明示的な同意のみであろう(社会的圧力などの介在を考えれば、それでも十分ではないが)。先に引いた『義務について』におけるウォルツァーの議論は、そうした最低限の条件について考察したものであった。そうした条件を棄て、先の引用が示すように、黙示の同意で十分であるとする時、彼の議論は、暴力を管理すると称して、新たな暴力を導入するものとならざるをえないのではないだろうか。

ウォルツァーは、「殺してもよい人間」(戦闘員)と「殺してはいけない人間」(非戦闘員)という区分を持ち込み、その区分が維持されたかどうかを、正義の判断基準にすべきだと主張している。しかし、こうした区分は、どこかで見たことのある区分ではないか。戦争においては、「殺してもよい人間」(彼ら)と「殺してはいけない人間」(われわれ)を区分することが、何より重要とされている。戦争とは、特定の群れ(われわれ)を守るために、それ以外の部分(彼ら)を殺すものである。戦闘員/非戦闘員という二分法は、まさにこうした戦争の論理と同型である。非戦闘員を守るために、戦闘員を「殺してもよい人間」として定義するというのは、非戦闘員と戦闘員の間に境界線を引くことにほかならない。これは、非戦闘員のために戦闘員を殺すということに限りなく近いと言わなければならない。

もとより、ウォルツァーはそうは考えない。戦闘員だけが死ぬ戦争は、彼にとっては最も非人道的でないやり方であり、むしろ経済制裁などの方が悪質であると言う(42)。人は一般に、軍事的手段を避け、敵対する相手に対して禁輸などの措置をとることは人道的だと考えがちであるが、ウォルツァーはこれを正面から否定する。経済封鎖された場合に、真っ先に死んでいくのは非戦闘員である。多くの場合、軍隊はまず自分たちの食糧を確保するからである。経済制裁とは、非戦闘員を殺戮する最悪の戦争形態にほかならず、それよりは、戦闘員を殺した方がはるかに良いとするのである。しかし、この論理は、戦闘員と非戦闘員を区分するという彼の前提の上に成り立っているにすぎないと言えよう。死者の総数を問題にする場合には、事態は異なる見え方をする。現在行われているような経済制裁の形態では、食糧や医薬品については除外するのが通例である。そのような禁輸による犠牲者の数が、大規模な戦争による犠牲者数を上回るとする根拠はないのである。

しかるに戦闘員と非戦闘員を区分しない考え方に対して、ウォルツァーは、「全体主義」という呼び名さえ与える(43)。この言葉は、周知の通り、きわめて多義的に用いられてきたが(44)、社会全体に統制が及んだ状態に対する批判を含むものであると言えよう。それはまずナチズムなどについて用いられたが、その後、スターリニズムなどと結びつけられ、さらには(フランクフルト学派等によって)アメリカの現状に対する批判としても使われるようになった。総じて、何らかの境界線によって社会を分節化し、多元性を確保しようとする自由主義者たちが、そうした分節化を否定する動きに対して持つ危機感が、その背景にあると考えられる。

事柄を分類し、それぞれの領域に収めることが何より大切であるという考え方は、彼の有名な『正義の領分』においても見られるものである。そして、それは、公／私分類という西洋思想の最もドグマティックな核にかかわってくるものであると言えよう。ウォルツァーはこの本で、セキュリティ、貨幣、教育、政治権力といった異なる「財」は、別個の特殊的なルールによって配分されなければならないと述べている。要するに、金で何でも買えるような社会には「正義」はない、というのが彼の立場であった。こうした議論は、ジョン・ロールズの『正義論』に代表される一元的な正義論に対する批判として意義を持つが、同時に、領域の区分の仕方が恣意的であるという指摘もある。(45)

ウォルツァーと共に正戦論の理論家として知られ、(46)二〇〇二年文書においても主要な役割を果たしているとされるジーン・エルシュテインは、かつて、ラディカル・フェミニストたちに対して、彼女らが「全体主義」を招き寄せようとしていると批判した。(47)ラディカル・フェミニストらは、「私的なことは政治的である」と主張し、それまで前提とされてきた公/私の別に対して異議申し立てを行った。しかるにエルシュテインによれば、公/私二分法はきわめて重要な区分であって、それを相対化してしまえば、生活のあらゆる領域に公権力の介入を招くことになる。家庭内の権力関係を問題にするあまり、プライバシーを否定して、夫婦の寝室に監視カメラを入れるようなことは、まさに全体主義にほかならないとしたのである。これと同様の文脈で、ウォルツァーの正戦論においては、戦闘員/非戦闘員の二分法を相対化することが、全体主義の始まりとされていると考えられる。そうした区分なしには、暴力は社会全体に拡散し、収拾がつかなくなるとされるのである。

これに対して、さしあたり一点だけ疑義を呈しておく。フェミニストたちはなぜ、公

／私二分法を問題にしなければならなかったのか。それは、男性と女性の間の関係が、一般にきわめて非対称的だからである。私領域の中で、一方的に暴力を加えられるしかない人々にとっては、公領域と私領域の間の境界線は桎梏でしかなかろう。二〇世紀においで非正規戦がふえたのも同様の事情による。まさにシュミットが指摘したように、[48]一九世紀までのヨーロッパで、国家間の「限定的」な戦争が行われていたのは、ほぼ同じような国力を持った国家が、共通のルールを念頭におきながら戦っていたからである。こうした前提が失われ、国力に極端な差がある国々が対峙するようになった時に、弱い側にしてみれば、戦闘員同士がまともに戦って勝ち目があるはずがない。そこで、自国の非戦闘員を人質にとるような形も含め、さまざまな非正規戦を戦うようになったのである。このような事情を顧みず、対称的な関係を前提として初めて成り立つような二分法を、非対称的な状況で先取り的に要求することは、強者の論理とのそしりを免れないであろう。

4　責任の局在

ところで、不正義な戦争を戦ってしまった場合、それに対する責任は誰がとるのか。政治家である、というのがウォルツァーの答えである。しかも彼は、これは法的な責任の問題に限られず、道徳的な責任についてもそうであると明言している。[49] 戦争は、ある特定の個人の決断によって始まるという考え方がその背景にある。命令系統が一元化しており、その頂点にある個人が命令した場合にのみ、戦争は始まる。彼(または彼女)は、正しい戦争に勝利した場合には栄誉を得るが、その反面、戦争が不正義であった場合には汚名をこうむることになる。[50] このような、責任体制の存在が前提とされている。

もちろん、現場が暴走して、行き過ぎた攻撃をしたような場合には、現場にも一定の責任が生じるが、その場合には、まず将校が階級に応じて責任をとるべきである。[51] 兵士が責任を問われる場合もあるにはあるが、非戦闘員までもが戦争責任を問われることはない、と言うのである。ここに、彼のもう一つの二分法が見られる。

たしかに、典型的に独裁的な国家であれば、誰が戦争を始めるかは明白であろう。しかし、こうしたいわば「まだ王様の首を切り落としてない」(フーコー)モデルは、フランス革命以後の、国民主権概念に立脚した、多少とも民主的な社会において、とりわけ戦争が総力戦の様相を呈した二〇世紀において、妥当するものだろうか。

ウォルツァー自身、思考実験としては、小さくて完全に民主的な国家を想定することを厭わない。[52] そして、そうした国家が侵略戦争を行った場合には、責任は原則として国民全員にあり、最後まで必死に開戦に反対した人々以外はみな有責であると認める。しかし彼は、実際の国家はそうしたモデルとはかけ離れており、多くの人々は上の人の言うなりであると述べる。小市民にも責任があるというアンネ・フランクの告発に対しても、仮にいくらか責任があるとしても、小市民を戦争犯罪人とは呼べないとする。(53)ただ彼も、アメリカほど民主的であると標榜する社会が、ヴェトナム戦争のような、正義と言いがたい戦争に手を染めてしまったことについては、一般人にもいくらか責任があると考えているようである。

よく知られているように、丸山眞男は、責任を自ら認めたゲーリングらドイツの戦争指導者たちと、認めようとしなかった東条ら日本の戦争指導者たちを対比した。しかしながら、一方で、ハンナ・アレントが明らかにしているように、アイヒマンは、自分は一個の歯車にすぎなかったと主張している。(54)もちろん、高官アイヒマンに責任がなかったはずはないが、受け止めるべきはむしろ、彼が、自分を単なる歯車と感じえたというその事実のもたらす衝撃、すなわち「悪の凡庸さ」(アレント)の衝撃ではないだろうか。現代戦のような大規模な事業は、多くの人々がかかわり、それぞれのレヴェルで行った、さまざまの選択や行為の結果として初めて成立する。そうした連鎖の中で、どこまでが「命令する部分」であり、どこからが「命令を受ける部分」であるかを、明確に分離することができるだろうか。現代戦にあっては、非戦闘員的な部分が果たす役割も、決して無視できない。責任者と非責任者との間に、仮に境界線を引くとすれば、それは恣意的なものとなるほかないのである。もちろん、法的な議論としては、必ずどこかに境界線を引くことになるだろう。法とは、とにかく線引きすることによって、事態の収拾を図るものだからである。しかし、日本の戦争責任等について、法的な決着が一応着いた後にも、責任を追及する声がやまないという事実は、法的な責任論だけでは不十分であることを端的に示している。ヤスパースが述べたように、刑事的な責任や政治的な責任とは別に、広い意味で戦争にかかわった人々に道徳的責任が生じるのである(55)。

もちろん、戦前の日本やドイツが、民主政治を完全に実現していなかった以上(そんなことは、そもそも不可能である)、責任が全国民に満遍なくあるということは言えない。しかし、かといって、国民に一切の責任がないとか、一方的に政府に動員された被害者であると論じることも適切ではない。それぞれの個人が、自分の取りうる選択肢について、わずかとはいえ自由度を持っていたとすれば、その自由度に応じて道徳的な責任があると言うほかないであろう(56)。

5　正戦論の抜け穴

ところで、ウォルツァーの議論には、きわめて重大な抜け穴(ループ・ホール)が存在する。以上に見てきたような正戦の基準、戦争へのさまざまな制限がすべて停止されてしまうような、例外的な瞬間の存在を、彼は認めているからである。それが「究極の緊急事態(supreme emergency)」と呼ばれる事態である。ナチスのような、極度に危険な勢力による危機が迫っている場合には、通常なら許されないような手段、例えば敵の非戦闘員に対する無差別な攻撃なども許されるとウォルツァーは主張する。究極の緊急事態では、

人は無辜の人々の権利を踏みにじったり、戦争法規を粉砕したりする必要があるかもしれない。(57)

その理由として、ウォルツァーは、共同体とその生活様式を守ることは絶対的な目的であるという、共同体主義的(コミュニタリアン)な信念を吐露する。

個人がたまに殺されるような世界で暮らすことは可能だが、人々全体が隷属したり虐殺されたりするような世界は、文字通り耐え難い、と言うべきであろう。政治的共同体――その構成員が、先祖が発展させた生活様式を共有し、それを子どもたちに伝えていくような――の存続と自由は、国際社会の最高の価値だからである。(58)

このような考え方に対しては、二つの疑問が提起できよう。第一に、いつがそうした

例外的な瞬間なのか、判断する基準はあるのだろうか。ウォルツァーに限らず、二〇世紀後半の人々は、こうしたことを考える際に、常にナチズムの影につきまとわれてきた。強硬な軍事的手段の採用を躊躇する者に対しては、それならナチズムをどうするのか、という問いがつきつけられた。宥和政策の失敗が声高に語られ、「絶対悪は早めに叩くしかない」という言説が、まさに最近のアメリカ合州国大統領の議論に至るまで、繰り返されてきたのである。しかしながら、ナチズムが例外的なまでに危険なものであることが、その端緒においてすでに自明だったかというと、必ずしもそうではなかろう。後の視点から宥和政策の失敗を言うのはたやすいが、少なくともある時点までは、ナチスと交渉しようとしたことにもやむをえない面があったのではないか。スタンリー・ホフマンも指摘しているように、世界にはさまざまな悪があり、そのどれが例外的に交渉不能であるかを、ただちに見極めることができるとは思われない(59)。そうした中で、セキュリティ確保を絶対化するなら、常に強硬策を取るしかなくなり、緊急事態対策は恒常化してしまうだろう。

第二の疑問は、究極の緊急事態なら一切の戦争法規を無視してもよいという考え方は、戦争を道徳と結びつけるというウォルツァーの基本構想を破壊しないのかという点である。ウォルツァー自身、この問題の存在には気づいていたと思われる。彼においては、この点は「汚れた手」の問題として処理されている(60)。すなわち、いくら緊急事態だからといって、やってはならないことをやった者の手は汚れている。非戦闘員を大量に殺した者は、ウォルツァーの基準から見て、正戦を行ったと言えるはずがない。しかし他方で、ウォルツァーにとっては、先の引用が示すように、共同体の存亡の危機を、手を拱いて見ているという選択肢は存在しない。それではどうするか。

ウォルツァーが示したやり方は、恐るべきものである。彼は言う。必要な時には、兵士に手を汚してもらう。兵士は、共同体にとって必要な任務を、困難にもめげずやり遂げるだろう。しかし、そうした兵士を英雄として遇すべきかといえば、そうではない。そのようなことをすれば、正義でない戦争を褒め称えることになり、道徳は崩壊してしまう。したがって、兵士は非難されるか、少なくとも賞賛を受けずに放置されなければならない。そのように兵士を扱うことによって、道徳の権威が回復され、正戦の基準は維持される。同時に、共同体は存続することが可能になる。かくして、正義と必要は両立するのである……。(61)

こうした観点から彼は、第二次大戦中のドイツへの無差別爆撃についてのエピソードを肯定的に評価する。困難な任務に従事したイギリス軍人に対して、チャーチルは栄誉を与えなかったが、これは正しい選択だと言うのである。しかも、実はこの事例では、詐術は二重の意味で行われている。一つは、右に示したような、任務を与えておきながら使い捨てるという裏切り。もう一つは、実際に爆撃を決断したチャーチル自身が、その判断のツケを払うのではなく、現場の兵士に払わせ、自分は口をぬぐうという卑怯なふるまいである。ウォルツァーも、これが最善のやり方だったとまでは言わない。チャーチル自身が、国民に対して、爆撃は必要だったが、無差別なので悪いことだったと説明し、自分が責任をとればなお望ましかったとする。(62) しかしながら、偽善であっても善を正面から否定するよりは良い、というのがウォルツァーの立場のようである。

こうしたやり方が、使い捨てにされた人々にとってきわめて不当なものであることは言うまでもないだろう。彼らはなぜ、そんな扱いを受けなければならないのか。ウォルツァーはその根拠を示してはいない。共同体は、何がどうあっても守られなければならない。しかも、道徳原則を手放すことはできない。このような究極のディレンマの中で、一部の人間に悲劇的な運命がふりかかったとしてもやむをえないというのが、おそらく彼の歴史観なのであろう。しかし、このようなやり方が繰り返され、手を汚しても使い捨てられるかもしれないということが知れ渡った後に、あえてそうした役割を引き受ける人間が現れるとは思われない。身代わりの山羊ならぬ使い捨ての兵士は、どのように調達されるのであろうか。

先ほどの責任論と併せて考えると、ウォルツァーの議論は、共同体の存続のために、内部における情報の不透明性をあえて要請しているようにも見える。彼は、民主政治は形だけのものに終わっている場合が多いという現実を深刻に受け止めているだけであり、決定はエリートによってなされがちなので、エリートの責任を問うのが理に適っているという認識を示しているだけなのか。そうではあるまい。完全に民主的な社会が仮に実現可能であるとして、それが、ウォルツァー的な正戦論の立場からして、有利な状態であるはずはないからである。「究極の緊急事態」において、手を汚すかどうか、国民投票で決めてしまったとしたら、その後始末は、国民全体の負担とならざるをえない。そこでは、ウォルツァーの推奨する使い捨て政策は不可能になる。むしろ、政治的決定については、戦争の実施についても、共同体を構成する人々の大部分は蚊帳の外に置かれている方が良い。そうすれば、いざという時には尻尾を切って、とかげは生き長らえることができる。共同体構成員の大半が政治的に受動的な立場に置かれていることこそが、共同体を将来にわたって維持する上で最も有利な条件であると、ウォルツァーは考えているのではないだろうか。

おわりに

これまで見てきたように、『正戦と非正戦』において、ウォルツァーはさまざまな境界線を引き続けた。それは、暴力を制御したいという動機によるものであるとしても、結果的には、むしろ、新たな暴力を導入することになる。国境線によって事態を管理する、いわば「境界線の政治」の意義を彼は再確認しようとするが、空間的・領土的な境界線によって世界を安定化させようとするやり方、すなわち主権国家システムこそが、常に新たな難民を生産し続けてきたことは、指摘するまでもないであろう。

次に、戦闘員と非戦闘員とを峻別せよと彼は言うが、すでにふれたように、これは両者の間に一種の潜在的な戦争状態(内戦)を生み出す。しかるに、(対外戦争の意義を強調する他の論者と同様に)ウォルツァーはこうした可能性を徹底して隠蔽しようとする。彼にとって、個人と共同体の間に深刻な葛藤が生じることは、あってはならないことであり、したがって、ないものとされるのである。

戦争に責任を負う人々と負わない人々が区別できるという議論もなされたが、これは共同体の内部に、情報の透明性や決定過程へのアクセスに関する、重大な亀裂があることを前提としている。そうした亀裂の存在が、「共有された判断」の重要性という彼の共同体論的な論点とどのように折り合うのかは、説明されないままである。

一連の二分法の中でも中心的な位置にあるのは、正しい戦争と正しくない戦争との区分であろう。しかしながら、両者間の境界線の所在は、実は定かではない。ウォルツァーは正義の戦争について語るが、そもそも正義とは何なのか、明確な定義を与えていないからである。正義とは、単なる形式的な基準なのか、それともより実質にかかわる規範的な概念なのかさえ明らかではない。ロールズ以後のリベラリズムが、正義と善

(good)の間に見出すような区別はそこにはない。

もう少し具体的に問うならば、ウォルツァーは戦争によって究極的には何を守れと言うのか。何らかの規範的な価値を守るべきか、それとも共同体そのものを守るべきか。もしも価値を守るのであれば、個々の共同体の命運は、二義的な問題であろう。腐敗した共同体なら、仮に自らが属していても、それを守るために命を賭ける必要などない、ということに論理的にはなるはずである。[63] 他方、ある共同体を、自らが帰属するという理由だけによって守るとすれば、それは「正しさ」とは無関係である。どんなに悪くても、祖国は祖国、という話だからである。

ウォルツァーの正戦論は、この肝心なところをあいまいにしたまま展開している。そこで正義は、不正義と対にされることによって、あたかも定義されているかのような印象を与えているにすぎない。正義とは何かと問われれば、不正義でないものと答える。不正義とは何かと問われれば、正義ではないものである、という具合に定義は循環しているにもかかわらず。

共同体をとるのか、価値をとるのか、という問題にウォルツァーが直面しない一つの理由は、アメリカ合州国の特殊性に求められよう。普遍的な価値を体現していると自ら信じているために、この国では、価値を守ることと国を守ることとの間の区別がつかなくなりがちだからである。[64]

一九九〇年代以降のウォルツァーは、アメリカの軍事戦略を正当化する議論を展開し続けている。九一年の「第二版への序文」で彼は、湾岸戦争は、国境線の原状回復を目指すものとして必要であったと主張する。九九年の「第三版への序文」では、ユーゴスラヴィアへの介入が擁護される。二〇〇二年初頭の雑誌論文(65)でも、「良心をゆるがす」事態への「人道的介入」については、細かい手続きなどにこだわるべきではない、とされる。そして、冒頭にふれた通り、二〇〇二年の共同署名文書が、アメリカ本土が攻撃されるという異例の事態を受けて出される。そこでは、「九・一一」は犯罪ではなく戦争であったと「定義」される。その上で、「われわれ」は、自由で多元的な社会というアメリカの生活様式を守るために戦いを辞すべきではない、とされるのであり、ここでも、守られるべきはアメリカ国民という特定の人々なのか、それとも価値なのかは、明確にされないままである。

こうした一連の彼の議論を、七〇年代の正戦論と比べると、いわゆる自衛戦争に加えて、他国の領域への介入の必要性がより強調されるようになっていることは確かである。しかし、正戦という概念への彼の信頼自体が、ゆらぐ気配は全くない。なぜだろうか。戦争を悪とするパシフィストにとってはもちろん、戦争を主権国家間のものと見なすリアリストにとっても、国境線を越えて他国に介入することは、一定の躊躇を伴うはずである。しかるに、ウォルツァーの考え方からすれば、「われわれ」を「彼ら」から守る線は、国境であるとは限らない。それは必要に応じて、自在に伸縮する。かつては国境線の維持が至上命題であったとしても、時代が変われば、介入が必要になることもある。いずれも、「われわれ」を守るための戦争として、その「正しさ」に変わりはないのである。

今日の世界では、何が戦争であり、何が犯罪であり、何がテロであり、何が正義であり、何が悪であるかは、経済的・軍事的影響力を有する特定の勢力が勝手に決められるという慣行が確立しつつある。ウォルツァーの正戦論は、そのように事実上行われる定義に、一種のお墨付きを与えるものとして、利用され続けることだろう。

追　記

周知の通り、その後、アメリカの矛先はイラクに向けられた。イラクが大量破壊兵器を保有しているとして、国連決議にもとづいて続けられていた武器査察について、アメリカは、イラク政府が査察に非協力的であるという理由で打ち切りを決め、多くの国々の反対にもかかわらず、イギリスと共に二〇〇三年三月に対イラク戦争を開始したのである。

この攻撃については、アフガン攻撃の場合とは異なり、ウォルツァーは反対の立場に回った。アル・カイダをかくまったアフガニスタンへの攻撃が自衛戦争であったのに対し、サダム・フセインはアメリカを攻撃したわけではないので、自衛という論拠は成り立たない。したがって、必

要なのは、武力を背景にした査察の継続であったというのがその理由である。(66)

しかし、ここで問題となりうるのは、本文で述べた、ウォルツァーが先制攻撃を容認したこととの整合性である。第三次中東戦争でのエジプトへの攻撃を容認する彼なら、イラクが大量破壊兵器を得た場合の危険に鑑み、イラク攻撃も許されると主張する方が一貫しているのではないか。ウォルツァーは、アメリカへのイラクの脅威は火急のものではなく、したがって、イラクへの攻撃は緊急時の先制攻撃とまでは言えず、緊急性が乏しいのになされる予防攻撃(preventive war)であり、許されないとする。(67) しかし、そうした区分は多分に恣意的なものにすぎないように思われる。さらに言えば、脅威の存否についてアメリカ大統領の判断に異を唱えるウォルツァーは、危機の判断はさしあたり政治家の判断に委ねるしかないという自らの議論に反しているのではないだろうか。

しかも、イラク攻撃を不正義の戦争と見なす彼は、それでは戦争の即時停止を求めるかといえば、そうでもない。戦い始めてしまったからには、何が何でも勝たなければならない。フセインが勝つよりは、「われわれ」が勝つ方がまだマシだからだ、と彼は述べる。これに関連してウォルツァーは、戦争が正しいかどうかの問題と、戦後処理をどうするかという問題を切り離そうとする。戦争をする以上、勝って民主的な政府を設立するのが、責任ある戦争の終わらせ方(jus post bellum)だ、というのである。(68) こうした追認的な論理は、脆弱な根拠にもとづく開戦を助長することにならないだろうか。

国連決議の十分な裏付けなしに行動するというアメリカの単独行動主義については批判が多いが、これに対してもウォルツァーは、国連が無力な現状では仕方がないとする。代案なしに対米

批判を続けるヨーロッパ諸国やアメリカの左派は宥和政策の過ちを繰り返すことになるから、である。(69)

さらに、緊急事態における人権についてウォルツァーは、イラク捕虜等への非人道的な扱いとの関連で、緊急の場合には「テロリスト」への拷問等が容認されるかという質問に対して、本文でふれた「汚れた手」の議論を繰り返し、容認されると答える。ウォルツァーによれば、とりわけ九・一一以後は、自由の擁護を無制限に主張するのは無責任な態度であり、セキュリティと自由とは折り合わされるほかない。一緒に暮らしている仲間のセキュリティを顧慮しないような議論は問題外である。「道徳世界は、多くの道徳哲学者が思っているほど綺麗事ではない」。(70)

このような最近のウォルツァーの言動に見られるのは、恣意的な線引きによってでも、とにかく事態を管理するのが責任ある態度だという考え方であり、特定の集団の安全と維持を全てに優先させる発想である。その意味で、本文での彼への批判について、変更すべき点は特に見当たらない。（二〇〇五年）

（1）　Walzer et al., "What we are fighting for" (http://www.propositionsonline.com/html/fighting_for.html, 2002). 早尾貴紀「「正義のための戦争」と「戦争のための戦争」」、『現代思想』二〇〇二年六月臨時増刊。

（2）　Michael Walzer, *Spheres of Justice*, Basic Books, 1983: 山口晃訳『正義の領分——多元性と平等の擁護』而立書房、一九九九年。なお菊池理夫は、ウォルツァーには普遍主義的な傾向が強いので、コミュニタリアンと単純に規定することはできないとし、本章初出論文に批判的に論及している。菊池理夫『現代のコミュニタリアニズムと「第三の道」』風行社、二〇〇四年、七三頁以下。しかし、ここでは一般的なウォルツァー像に言及しただけであり、彼が普遍主義的であることについては、本章でも述べている。また、すでに『権力論』岩波現代文庫、二〇一五年、の第Ⅱ部第五章註(32)で、ウォルツァーは「コミュニタリアンの一人に数えられることが多いが」「実際にはリベラルに近い」面があると指摘している。

(3) Walzer, *Just and Unjust Wars*, Basic Books, 1977=1991=2000. 以下ＪＵＷと略記し、頁数を示す。邦訳は、萩原能久監訳『正しい戦争と不正な戦争』風行社、二〇〇八年。

(4) 加藤朗「戦争と倫理」、加藤朗・長尾雄一郎・吉崎知典・道下徳成『戦争――その展開と抑制』(勁草書房、一九九七年)所収、太田義器「戦争と正義」、千葉眞・佐藤正志・飯島昇藏編『政治と倫理のあいだ――二一世紀の規範理論に向けて』(昭和堂、二〇〇一年)所収を参照。

(5) Brian Orend, *Michael Walzer on War and Justice*, McGill-Queen's University Press, 2000.

(6) JUW, p. 44.

(7) JUW, p. 19.

(8) JUW, p. 20.

(9) Walzer, *Interpretation of Social Criticism*, Harvard University Press, 1987: 大川正彦・川本隆史訳『解釈としての社会批判――暮らしに根ざした批判の流儀』風行社、一九九六年。

(10) Walzer, *Thick and Thin*, University of Notre Dame Press, 1994: 芦川晋・大川正彦訳『道徳の厚みと広がり――われわれはどこまで他者の声を聴き取ることができるか』風行社、二〇〇四年。

(11) JUW, p. 46.
(12) JUW, p. 329.
(13) JUW, p. 228.
(14) JUW, p. 231.
(15) JUW, p. 21.
(16) JUW, p. 53f.
(17) JUW, p. 54.
(18) JUW, p. 68.
(19) JUW, p. 70f.
(20) JUW, p. 58.
(21) JUW, p. 74f.
(22) JUW, p. 85.
(23) JUW, p. 87f.
(24) JUW, p. 107.
(25) JUW, p. 110f.
(26) JUW, p. 113f.
(27) JUW, p. 129.
(28) JUW, p. 133.
(29) JUW, p. 144.

(30) JUW, p. 180.
(31) JUW, p. 152f.
(32) JUW, p. 157, 263f.
(33) JUW, 2nd edition (1991), p. xix.
(34) JUW, p. 144f.
(35) Walzer, *Obligations*, Harvard University Press, 1970. 以下ＯＢＬと略記し、原著の頁数を示す。山口晃訳『義務に関する11の試論――不服従、戦争、市民性』而立書房、一九九三年。
(36) OBL, p. 82f.
(37) OBL, p. 90f.
(38) OBL, p. 110.
(39) OBL, p. 117.
(40) JUW, p. 145.
(41) JUW, p. 54.
(42) JUW, p. 171.
(43) JUW, p. 203.
(44) 川崎修「全体主義」、福田有広・谷口将紀編『デモクラシーの政治学』東京大学出版会、二〇〇二年、所収。
(45) William E. Connolly, *The Ethos of Pluralization*, University of Minnesota Press, 1995.
(46) Jean Bethke Elshtain ed., *Just War Theory*, New York University Press, 1992.

(47) Elshtain, *Democracy on Trial*, House of Anansi Press, 1993: 河合秀和訳『裁かれる民主主義』岩波書店、一九九七年。
(48) Carl Schmitt, *Der Nomos der Erde*, Duncker & Humblot, 1950=1988: 新田邦夫訳『大地のノモス——ヨーロッパ公法という国際法における』全二冊、福村出版、一九七六年。
(49) JUW, p. 288.
(50) JUW, p. 290.
(51) JUW, p. 316.
(52) JUW, p. 299.
(53) JUW, p. 302.
(54) Hannah Arendt, *Eichmann in Jerusalem*, Penguin, 1963: 大久保和郎訳『イェルサレムのアイヒマン——悪の陳腐さについての報告』みすず書房、一九九四年。
(55) Karl Jaspers, "Die Schuldfrage", in *Hoffnung und Sorge*, 1965: 橋本文夫訳『戦争の罪を問う』平凡社、一九九八年。
(56) 拙著『権力論』岩波現代文庫、二〇一五年、参照。
(57) JUW, p. 259.
(58) JUW, p. 254.
(59) Stanley Hoffman, *Duties Beyond Borders*, Syracuse University Press, 1979: 最上敏樹訳『国境を越える義務——節度ある国際政治を求めて』三省堂、一九八五年。
(60) JUW, p. 324.

(61) JUW, p. 323.
(62) JUW, p. 325.
(63) 宗教と戦争をめぐるウォルツァーの議論につき、Walzer, *The Revolution of the Saints*, Harvard University Press, 1965. 藤田潤一郎『政治と倫理――共同性を巡るギリシアとヘブライからの問い』創文社、二〇〇四年を参照。
(64) 古矢旬『アメリカニズム――「普遍国家」のナショナリズム』東京大学出版会、二〇〇二年。
(65) Walzer, "The Argument about Humanitarian Intervention", *Dissent*, Winter 2002.
(66) Iraq and Just War: A Symposium, 30 September, 2002 (http://perworum.org/events/). なお二〇〇四年に刊行されたウォルツァーの『戦争論』(*Arguing About War*, Yale University Press: 駒村圭吾ほか訳『戦争を論ずる――正戦のモラル・リアリティ』風行社、二〇〇八年)は、ドイツで前年に刊行された論集を元にしており、収録された論文の大半は九・一一以前に書かれたものである。新たに書かれた序文では、『正戦と非正戦』以来、自らの立場は基本的に一貫しているとしながらも、その後あまりに多くの悲惨な事例を見てしまったため、今では軍事介入や、その後の長期占領について、以前よりは積極的になったと述べている。
(67) "The United States in the World—Just Wars and Just Societies: An Interview with Michael Walzer", *Imprints*, vol. 7, no. 1, 2003.
(68) Walzer, "Just and Unjust Occupations", *Dissent*, Winter 2004.
(69) Walzer, "Can There be a Decent Left ?", *Dissent*, Spring 2002.

(70) Walzer, "The United States in the World".

おわりに
――主権・境界線・政治――

線を引いて、ある人々を囲い込み、その人々を対象とする。線の内部を最適化するために、さまざまなノイズやリスクは外に放り出す。こうしたやり方は、ある領域内に排他的・絶対的な管轄権を持つとする主権国家において、最も典型的に現れた。しかし、それが主権国家以外のところで見られなかったとは言えないであろう。群れとその外部を区別するという構図は、もっと前から、そしてあらゆるところに存在した。

こうしたやり方に、一種の酷薄さが伴うことは疑いない。管轄領域から排除された人々は、集団の内部から見れば、定義上、生きようが死のうが構わない人々となるからである。国民国家の時代としての二〇世紀において、国境線の狭間に落ちた人々がいかなる運命をたどったかは、アレントをはじめとする人々によって描かれてきた。ジョルジョ・アガンベンは、主権国家から排除され、保護の対象から外された人々をホモ・サケルと呼んだ(1)。そして、「強制収容所」に典型的に見られたそうした存在は、決して例外的なものではなく、今こうしている間にも多数生み出されている。

この線引きは本来的に恣意的である。線を引く際には、その内部の人々の同質性が強調される場合が多い。しかし、絶対的な同質性や絶対的な差異などというものはなく、いかなる同質性も差異も程度問題である以上、線によって分けることは、恣意的な決定でしかありえない。

境界線の外に排除された人々の運命が苛酷なものであったとして、囲い込まれた人々は安逸であったかと言えば、そうではない。線を明確なものとするために、内部では同質性が「捏造」される。さまざまな規律権力が加えられ、人々はある類型にはめ込まれていく。集団が存続し、繁栄することが目的となるため、囲い込まれた人々に対しては、フーコーのいわゆる「生-権力」、すなわち、公衆衛生学的・優生学的観点にもとづく身体の維持・管理にかかわる権力も行使されることになるのである。

その上、境界線に囲まれたからといって、安全(セキュリティ)は保証されない。国民国家は、多くの場合に国民の期待を裏切ってきた。セキュリティの過剰な追求が、かえってそれを脅かすという逆説もしばしば見られる。九・一一後のアメリカ等で、ヒステリックなまでのセキュリティ政策は、日常生活の隅々までを監視の対象とし、とりわけ特定の人々への迫害を行うことによって、人々の生活に不安な影を落としている。

このように見ると、境界線を引くやり方は、暴力的なものなので、忌避されるべきだとも思われてくる。実際、そうした観点からの国民国家批判は枚挙にいとまがない。しかしながら、われわれは単にそうしたやり方を批判すれば、あるいは忘れさえすれば、境界線の政治から自由になれるというわけではなかろう。境界線によって囲まれることは、人々にとって重荷であるが、同時に、人々の必要(ニーズ)にかなうものと受け取られてきた。だからこそ、多くの場所で、長い間にわたって、こうしたやり方が続けられてきたのである。こうした国民のいわば「共犯性」を見る必要がある。

また、ある人々だけを対象とするのは確かに恣意的であるが、かといって、誰を対象とすべきかをいつまでも際限なく議論していくことはできない、と主権論者は強調するだろう。無限に結論を先送りすれば、誰も対象とできないからである。例えば、福祉(ソーシャル・セキュリティ)に関して、現在、地球上には、巨大な不均衡が存在している。すなわち、たまたまある地点に生まれ、ある境界線の中に囲い込まれた人々は、最低限度の生活への「権利」を持つ(その権利が常に実現されるとは限らないものの)が、違う地点に生まれたというだけで、別の人々はそうした権利を持たないものとされる。これはいかにも恣意的かつ不公平な事態であるが、だからといって、ある集団のセキュリティへの配慮を一概に斥けることもできない。

境界線を引くという行為は、法というもののあり方に深く関わっている。法は、管轄内／管轄外、適法／違法、相当／不当など、無数の線を引く。このことによって、実際のところ、法は多くの問題を対象外として排除することになる。限界的な事例(ハード・ケース)について、対象とするかどうかの判断は、時によって分かれることが多い。法が正しい線を引いている保証はない。しかしながら、それではわれわれは法なしにやっていくことができるのか、という問いはきわめて重いものとして残る。

さらに考えをめぐらせば、そもそもわれわれは、線を引くことなしに何かを言ったりしたりできるのだろうか。白紙の上に何かを記す。そのことによってすでに、われわれは、さまざまな可能性を排除している。何かを選ぶことは、何かを断念することである。そうした観点からすれば、われわれが生きていることそのものが、恣意性の発現にほかならないということにもなる。

アガンベンは、境界線を引く行為を、主権的権力の作用と呼んだ。この主権概念は、従来の政治学や法学が前提としてきた主権概念よりも広いものである。何かを選ぶことによって他のものを排除する、そのこと自体を主権的としているのである。こうした文脈で、アガンベンによるアントニオ・ネグリへの批判が注目される。グローバル化に対する人々の反撃に期待するネグリは、無定形な抵抗勢力としてのマルチチュードが新たな秩序をつくり出す際、彼らが発動する「構成的権力」は、それまでの秩序(「構成された権力」)によって制約されないばかりでなく、主権という枠組みからも自由になりうる、と主張した。マルチチュードはいつでもフリー・ハンドで秩序を構想できるのだから、主権という固定的なものに制約されない、としたのである。しかしアガンベンによれば、どんなに自由に線を引くとしても、線を引くことに変わりはない。したがって、それもまた、彼の定義による主権的権力に該当するのである。

このようなアガンベンの論点は、シュミットを想起させる。シュミットは、政治的なるものを、友／敵間の境界線の存在に求めたが、その際、境界線は国境線であるとは限らず、あらゆる所に引かれうると考えていたからである。いかに自発的に、しかも既存の枠組みから自由に、何かを始めようとしても、一種の線引きを伴わざるを得ないという論点は、われわれを戸惑わせる。暴力や恣意性とは一切無縁な形で世界と関わろうとする意欲(それを「脱・権力への意志」と呼ぼう)を、それは挫くからである。

今日、世界では、境界線は国境線を越えて、あるいは国境線と交差する形で、引き直されつつあるように見える。文明／野蛮などの線が、大きな暴力を伴いつつ、引かれている。豊かな人々と貧しい人々との間の境界線もより鮮明になり、それは、往々にして、既存の国民国家の内部を貫通している。

こうした中で、国境線の絶対性を「回復」するのが解決策でないことは自明である。しかし、それでは、いわゆる「人道的介入」などを説く人々は、境界線から自由な政治を実践していると言えるのだろうか。人道主義の普遍性を前提として、人々を現に虐殺しつつある政権は打倒せよと主張する、マイケル・イグナティエフのような人はその一人である。マイケル・ウォルツァーは、アメリカの単独軍事行動を擁護しつつ、「水に落ちた子どもを助ける時、他の人々を待つ必要はない」と述べた。国連の承認が必要だなどと躊躇っていたら、子どもは死んでしまう。救える能力があるなら、正統性などに拘泥せず、まず行動すべきだ、というのである。この議論は、水難救助と軍事行動という全く性格の異なるもの(前者は、通常、第三者への危害を伴わない)を等置している点で問題である。

しかし、一層問題なのは、誰が「水に落ちた子ども」であり、誰はそうでないかについて、唯一の正しい判断が可能であると過信している点である。「水に落ちた子ども」が誰かは、決して自明ではない。コソヴォに肩入れする際、セルビア人の苦難(それは現に存在した)に目をふさがざるを得なかったということを、忘れるべきではない。国境線の向こう側の出来事にかかわるからといって、線と無縁になるわけではなく、新たな線を引くことになる。ウォルツァーらに欠けているのは、自分たちの決定に恣意性が伴うという自覚である。

性急に行動を説く人々とは異なり、われわれは、できるかぎり論じ続けたい。しかし、それでもなお、いつかは何かをすることになる。参加する人々の範囲にも、自ずと限界はある。何をしようとも、何らかの課題が残され、新たな問題が生じるだろう。われわれに最低限求められるのは、自らの引く境界線が排除しているものが何かを、見つめ続けることではないだろうか。

（1）　Giorgio Agamben, *Homo Sacer*, Stanford University Press, 1998: 高桑和巳訳『ホモ・サケル──主権権力と剝き出しの生』以文社、二〇〇三年。

旧版あとがき

本書は、この数年に発表した論考を集めたものであり、収録にあたっては、おおむね語句の修正にとどめ、その後の展開について若干の補論を付した。それぞれの文章は、それぞれの機縁によって書かれたものであるが、こうして一書にまとめてみると、それなりにある問題意識を見て取ることができるかもしれない。第二章までをいわば総論、それ以降を各論としてお読みいただければ幸いである。

このような拙い本でも、多くの人々の支えによって成立した。初出一覧でお名前を挙げた編者の方々には、執筆の機会をいただいたことに感謝したい。とりわけ故福田有広氏は、副題なしに「政治」を論じるという難題を筆者に課すことで、自分なりの思考を深める機会を与えてくれた。すぐれた思想史家の例にもれず、同時代への鋭い関心を持ち続けた同氏を失ったことは痛恨の極みである。

初出論文を執筆する段階でも、さまざまなご助力をいただいた。特に川崎修氏からは、草稿に対して多くの有益なご示唆をいただいた。

初出論文にコメントして下さった方々にも心から御礼を述べたい。とりわけ市村弘正氏との最も興味深い会話に。

成澤光氏をはじめとする法政大学の同僚諸氏には、自由な雰囲気の中で執筆を進めることをお許しいただいた。成澤氏は間もなく本学を去られるとのことであるが、これまでのご厚情に感謝する。

編集実務をご担当いただいた皆様にも御礼を申し上げる。とりわけ坂本政謙氏には、本書の企画にあたり行き届いたご配慮をいただいた。

この貧しい本が、政治の現在を照らす一灯となることを願いつつ

二〇〇四年の終わりに

杉田　敦

現代文庫版あとがき

本書は、二〇〇五年に岩波書店から刊行された単行本に、関連する二編の論文(第二章、第四章)を加えたものである。この機会に、一部の表現を改め、書誌情報を補った。

内部／外部、われわれ／彼ら、日常／非日常、政治／非政治などの境界線を引いて事態を管理しようとする企ての可能性と限界について、本書では筆者なりに考察を加えた。二分法の限界はその後の状況の中で、一層あらわとなっている(拙著『両義性のポリティーク』風行社、二〇一五年、など)。

文庫化にあたり、岩波書店編集部の小田野耕明さんにご配慮をいただいた。

二〇一五年一〇月

杉　田　敦

初出一覧

はじめに——境界線の政治をめぐって
藤原帰一編『テロ後 世界はどう変わったか』岩波新書、二〇〇二年、所収。
第一章　政治と境界線——さまざまな位相
「政治」、福田有広・谷口将紀編『デモクラシーの政治学』東京大学出版会、二〇〇二年、所収。
第二章　境界線を引くとはどういうことか
杉田敦編、政治の発見7『守る——境界線とセキュリティの政治学』風行社、二〇一一年、所収。
第三章　全体性・多元性・開放性——政治観念の変容と政治理論
日本政治学会編『年報政治学 二〇世紀の政治学』岩波書店、一九九九年、所収。
第四章　法と暴力——境界画定／非正規性をめぐって
日本政治学会編『年報政治学 政府間ガバナンスの変容』木鐸社、二〇〇八年、所収。
第五章　寛容と差異——政治的アイデンティティをめぐって
井上達夫編、岩波 新・哲学講義7『自由・権力・ユートピア』岩波書店、一九九八年(一九九八年五月の政治思想学会における研究報告)。
第六章　普遍的なるもののヘゲモニー——エルネスト・ラクラウの政治理論

千葉眞編、講座政治学Ⅱ『政治思想史』三嶺書房、二〇〇二年、所収。
第七章　契約と闘争——新しい戦争か？
成蹊大学法学部で実施された武蔵野市寄付講座「戦争を考える」の一部として、二〇〇二年一〇月二九日に行った講義に加筆。
第八章　二分法の暴力——マイケル・ウォルツァー正戦論をめぐって
「二分法の暴力——ウォルツァー正戦論をめぐって」、『思想』九四五号、岩波書店、二〇〇三年一月、所収。
おわりに——主権・境界線・政治
「思想の言葉」、『思想』九五九号、岩波書店、二〇〇四年三月、所収。

本書は小社より二〇〇五年に刊行された『境界線の政治学』に新たに二章を加え、増補版としたものである。

境界線の政治学 増補版

2015年12月16日　第1刷発行

著　者　杉《すぎ》田《た》　敦《あつし》

発行者　岡本　厚

発行所　株式会社 岩波書店
〒101-8002 東京都千代田区一ツ橋2-5-5
案内 03-5210-4000　販売部 03-5210-4111
現代文庫編集部 03-5210-4136
http://www.iwanami.co.jp/

印刷・精興社　製本・中永製本

ISBN 978-4-00-600337-1　Printed in Japan

岩波現代文庫の発足に際して

新しい世紀が目前に迫っている。しかし二〇世紀は、戦争、貧困、差別と抑圧、民族間の憎悪等に対して本質的な解決策を見いだすことができなかったばかりか、文明の名による自然破壊は人類の存続を脅かすまでに拡大した。一方、第二次大戦後より半世紀余の間、ひたすら追い求めてきた物質的豊かさが必ずしも真の幸福に直結せず、むしろ社会のありかたを歪め、人間精神の荒廃をもたらすという逆説を、われわれは人類史上はじめて痛切に体験した。

それゆえ先人たちが第二次世界大戦後の諸問題といかに取り組み、思考し、解決を模索したかの軌跡を読みとくことは、今日の緊急の課題であるにとどまらず、将来にわたって必須の知的営為となるはずである。幸いわれわれの前には、この時代の様ざまな葛藤から生まれた、人文、社会、自然諸科学をはじめ、文学作品、ヒューマン・ドキュメントにいたる広範な分野のすぐれた成果の蓄積が存在する。

岩波現代文庫は、これらの学問的、文芸的な達成を、日本人の思索に切実な影響を与えた諸外国の著作とともに、厳選して収録し、次代に手渡していこうという目的をもって発刊される。いまや、次々に生起する大小の悲喜劇に対してわれわれは傍観者であることは許されない。一人ひとりが生活と思想を再構築すべき時である。

岩波現代文庫は、戦後日本人の知的自叙伝ともいうべき書物群であり、現状に甘んずることなく困難な事態に正対して、持続的に思考し、未来を拓こうとする同時代人の糧となるであろう。

（二〇〇〇年一月）

岩波現代文庫[学術]

G313
デカルト『方法序説』を読む
谷川多佳子

このあまりにも有名な著作の思索のプロセスとその背景を追究し、デカルト思想の全体像を平明に読み解いてゆく入門書の決定版。

G314
デカルトの旅／デカルトの夢
―『方法序説』を読む―
田中仁彦

謎のバラ十字団を追うデカルトの青春彷徨と「炉部屋の夢」を追体験し、『方法序説』に結実した近代精神の生誕のドラマを再現。

G315
法華経物語
渡辺照宏

『法華経』は、代表的な大乗経典であり、仏教の根本テーマが、長大な物語文学として語られる。仏教学の泰斗による『法華経』入門のための名著。

G316
フロイトとユング
―精神分析運動とヨーロッパ知識社会―
上山安敏

精神分析運動の創始者フロイトと集合的無意識の発見者ユング。二人の出会いと別離に潜む現代思想のドラマをヴィヴィッドに描く。〈解説〉鷲田清一

G317
原始仏典を読む
中村元

原始仏典を読みながら、釈尊の教えと生涯を平明に解き明かしていく。仏教の根本的思想が、わかり易く具体的に明らかにされる。

2015.12

G318
古代中国の思想
戸川芳郎

中国文明の始まりから漢魏の時代にいたる思想の流れを、一五のテーマで語る概説書。年表のほか詳細な参考文献と索引を付す。

G319
丸山眞男を読む
間宮陽介

丸山眞男は何を問い、その問いといかに格闘したのか。通俗的な理解を排し、「現代に生きる」ラディカルな思索者として描き直す、スリリングな力作論考。

G320
『維摩経』を読む
長尾雅人

汚濁の現実の中にあって。在家の人々を救うことを目的とした『維摩経』こそ、現代人にふさわしい経典である。経典研究の第一人者が読み解く。〈解説〉桂 紹隆

G321
イエスという経験
大貫 隆

イエスその人の言葉と行為から、その経験の全体像にせまる。原理主義的な聖書理解に抗してイエス物語を読みなおす野心的な企て。

G322
『涅槃経』を読む
高崎直道

釈尊が入滅する最後の日の説法を伝える経典。「仏の永遠性」など大乗仏教の根本真理が語られる。経典の教えを、分かりやすく解読する。〈解説〉下田正弘

岩波現代文庫[学術]

G323
世界史の構造
柄谷行人

世界史を交換様式の観点から捉え直し、人類社会の秘められた次元を浮かび上がらせた本書は、私たちに未来への構想力を回復させる。ロングセラーの改訂版。

G324
生命の政治学
―福祉国家・エコロジー・生命倫理―
広井良典

社会保障、環境政策、生命倫理――別個に扱われがちな課題を統合的に考察。新たな人間理解の視座と定常型社会を進める構想を示す。

G325
戦間期国際政治史
斉藤孝

二つの世界大戦の間の二〇年の国際政治史を、各国の内政史、経済史、社会史、思想史などの諸分野との関連で捉える画期的な概説書。〈解説〉木畑洋一

G326
十字架と三色旗
―近代フランスにおける政教分離―
谷川稔

フランス革命は人びとの生活規範をどう変えたのか？　革命期から現代まで、カトリック教会と共和派の文化的ヘゲモニー闘争のあとをたどる。

G327
権力政治を超える道
坂本義和

権力政治は世界が直面している問題の解決にならない。これに代わる構想と展望を市民の視点から追求してきた著者の論考を厳選。〈解説〉中村研一

2015.12

G328
シュタイナー哲学入門
―もう一つの近代思想史―
高橋 巖

近代思想の根底をなす霊性探求の学・神秘学、その創始者が明らかにした「もう一つの」近代思想史。シュタイナー思想を理解するための最良の書。〈解説〉若松英輔

G329
朝鮮人BC級戦犯の記録
内海愛子

日本の戦争責任の末端を担って戦犯に問われた朝鮮人一四八人。その多くが監視員として過ごした各地の俘虜収容所で、何が起こっていたのか。

G330
ユング
魂の現実性《リアリティー》
河合俊雄

ユングはなぜ超心理学、錬金術、宗教など神秘主義的な対象を取り上げたのか。その独自でラディカルな思想に真正面から取り組んだ知的評伝。

G331
福沢諭吉
ひろたまさき

「一身独立」を熱く説き、日本の近代への転換を体現した福沢諭吉。激動の生涯を克明に跡づけ、その思想的転回の意味を歴史の中で問い直す評伝。〈解説〉成田龍一

G332-333
中江兆民評伝（上・下）
松永昌三

時代を先取りした兆民の鋭い問題提起は、いまなおその輝きを失っていない。画期的な『全集』の成果を駆使して〝操守ある理想家〟の苦闘の生涯を活写した、決定版の伝記。

岩波現代文庫［学術］

G334
差異の政治学 新版
上野千鶴子

「われわれ」と「かれら」、「内部」と「外部」との間にひかれる切断線の力学を読み解き、フェミニズムがもたらしたパラダイム・シフトの意義を示す。

G335
発情装置 新版
上野千鶴子

ヒトを発情させる、「エロスのシナリオ」を徹底解読。時代ごとの性風俗やアートから、性のアラレもない姿を堂々と示す迫力の一冊。

G336
権力論
杉田敦

われわれは権力現象にいかに向き合うべきか。『思考のフロンティア 権力』と『権力の系譜学』を再編集。権力の本質を考える際の必読書。

G337
境界線の政治学 増補版
杉田敦

国家の内部と外部、正義と邪悪、文明と野蛮の境界線にこそ政治は立ち現れる。近代の政治理解に縛られる我々の思考を揺さぶる論集。

G338
ジャングル・クルーズにうってつけの日
—ヴェトナム戦争の文化とイメージ—
生井英考

アメリカにとってヴェトナム戦争とはどのような経験だったのか。様々な表象を分析しながら戦争の実相を多面的に描き、その本質に迫る。

岩波現代文庫[学術]

G339

書誌学談義　江戸の板本

中野三敏

江戸の板本を通じて時代の手ざわりを実感するための基礎知識を、近世文学研究の泰斗がわかりやすく伝授する、和本リテラシー入門。

2015.12